समय

कहानी... समय में खोई कुछ जिन्दगियों की

सर्वेश सक्सेना

Made with ❤ on the Notion Press Platform
www.notionpress.com

यह पुस्तक मेरे पूरे परिवार और मित्रों को समर्पित है, जिन्होने कदम कदम पर मेरा हमेशा साथ दिया और जीवन की कठिनाइयों से लड़ने के लिये प्रेरित किया | मै ईश्वर से प्रार्थना करूंगा कि मेरे पूज्य माता पिता का हांथ मेरे सिर पर हमेशा बना रहे और मै ऐसे ही उनके आशिर्वाद से जीवन में आगे बढ़ता रहूं |

क्रम-सूची

क्रम-सूची

भूमिका

मेरे प्रिय मित्रों मैं आप सभी का बहुत आभारी हूं कि आप सभी ने मुझे और मेरी पिछ्ली कहानियों को बहुत स्नेह दिया जिससे मुझे आगे लिखने की प्रेरणा मिलती रहती है और इसी प्रेरणा को लेकर मैने अपने जीवन की कुछ घटनाओं और अपने शब्दों को मिलाकर कुछ खट्टी मीठी कहानियां लिखी हैं जो आप का मन जीतने मे जरूर सफल होंगी |

मित्रों आजकल के नये दौर में जहां हर कोई एक दौड मे शामिल है, हर कोई जल्दी मे है और सभी किसी ना किसी समस्या से जूझ रहे हैं, ऐसे मे ये कहानियां ही हैं जो हमे कभी तो जीवन की कठिनाइयों से लड्ने के लिये प्रेरित करती हैं तो कभी हमारे दुखी मन पर एक मरहम सा लगा देती है, कभी कभी यही कहानियां जीने की वजह भी बन जाती हैं, ऐसे मे हर कोई किसी ना किसी कहानी से खुद को जोड लेता है और ऐसे ही हमारे जीवन की नदी बहती जाती है |

मित्रों, अगर मैं अपनी बात करूं तो मुझे बचपन से ही कविता कहानियां पढने, लिखने और सुनाने का बडा शौक था, बचपन मे रात को देखे सपने मे अपने कुछ चटपटे और डरावने भाव मिलाकर दोस्तों और घरवालों को सुनाया करता था, तब पता नही था कि एक दिन ये भाव, विचार और मेरे शब्द मिलकर ना जाने कितनी कहानियां बना देंगे |

वैसे कहानी लिखना ठीक वैसे ही है जैसे कोई एक व्यक्ति किसी दूसरे व्यक्ति के जीवन को जी रहा है, मेरा मतलब कहानी कोई भी हो उसे लिखते वक्त लेखक उस कहानी के पात्रों मे खो सा जाता है, और उन पात्रों के जीवन को जीने सा लगता है, मेरे जहन मे कुछ कहानियों के पात्र हैं जो आजीवन मुझमे बसे रहेगें |

आप सभी भी इन पात्रों से मिलिये और पढिये मेरी इस नई पुस्तक "समय" को जिसके पात्रों से आप खुद को जुड़ा महसूस करेंगे और जानेंगे कि जिन्दगी में हम बहुत कुछ सोचते करते हैं लेकिन समय, समय ने हम सबके लिये कुछ और ही सोच रखा है |

आशा है कि इस पुस्तक को भी हमेशा की तरह आप सभी का स्नेह प्राप्त होगा |

धन्यवाद |

Sarvesh Saxena
Email: - Sarveshk031@gmail.com
Mob: 9555164236

1

रेजिग्नेशन

रोज की तरह आज भी दोपहर एक बजे ऑफिस में लंच टाइम हो चुका था पर श्रवण अपने केबिन मे हाथ में कोरा कागज और पेन पकड़े न जाने किस उधेड़बुन में था तभी उसके दिल से आवाज आई,

" ये कैसी जिंदगी है, सब कुछ है फिर भी कुछ भी नहीं, मैं बस जी रहा हूं, लेकिन क्या सिर्फ जीने को जिंदगी कहते हैं, कितने सपने देखे थे मैंने, लेकिन क्या हुआ उन सपनों का? आखिरकार पैसो के पीछे पीछे मशीन की तरह भागने से क्या मिला मुझे? समझ में नहीं आता मैं क्या करूं? आज मेरे पास वह सब कुछ है जो मुझे चाहिए था हालांकि मुझे जिंदगी से बहुत कुछ नहीं चाहिए था लेकिन फिर भी"?

आज ऐसा लग रहा था जैसे श्रवण खुद से ही लड़ रहा हो, उसे समझ ही नहीं आ रहा था कि वह क्या करे, उसके माथे पर पसीने की बूंदे आ रही थी जो उसके अंदर उमड़ते तूफान को साफ साफ बयां कर रहीं थी |

घड़ी की सुईयां धीरे-धीरे आगे बढ़ रही थी लेकिन उसके दिल की धड़कन बहुत तेज थी तभी उसने फिर खुद से ही कहा,

" क्या मैं खुश हूं इस नौकरी से या अपनी निजी जिंदगी से? छोड़ दो यह सब, इसी काम के चक्कर में सब कुछ तो खो दिया, जब नौकरी नहीं थी कुछ लोगों को तब और जब नौकरी मिल गई तब भी मैं कुछ लोगों को अपने से दूर जाने से नहीं रोक पाया, आखिर क्यों होता है ऐसा कि जब हमारे हाथों में पैसा नहीं होता है तब भी हमे लोग नकार देते हैं और जब हम सोचते हैं कि पैसा ही सब कुछ है और हम उसी पैसे के पीछे भागने लगते हैं, यह सोच कर कि जब हमारे पास यह पैसा होगा तो हमारे पास लोग होंगे जो हमें प्यार करेंगे लेकिन इस पैसे के आने के बाद भी हमें निराशा ही मिलती है" |

यही सब सोचते हुए वह बार-बार अपने हाथ में सफेद कागज को देख रहा था तभी एकाएक न जाने कैसे श्रवण में इतनी ताकत आ गई कि उसने फटाफट अपना रेजिग्नेशन लिखा, यह वह काम था जो वो कई महीनों से करना चाहता था, ऐसा नहीं था कि उसे नई नौकरी मिल गई थी लेकिन अब वह अपने इस काम से खुश नहीं था, ऐसा लगता था जैसे अब उसकी अंतरात्मा थक चुकी हो |

वो अपना रेजिग्नेशन लेटर लेकर अपने बॉस के पास जाने के लिए कुर्सी से उठ खड़ा हुआ कि तभी बाहर से ऑफिस बॉय ने आकर मेज पर उसके सामने एक कोरियर रखते हुये कहा,

"सर, अभी-अभी एक कुरियर वाला आया था, उसने यह पैकेट दिया है, यह सक्सेना जी का है लेकिन उनका तो दो दिन पहले ट्रांसफर हो गया है, पहले सोचा वापस कर दूं लेकिन कुरियर बॉय ने कहा कि अगर आप उनको जानते हो तो आप दे दीजिएगा, वापस करेंगे तो ये मारा मारा फिरेगा और हो सकता है यह उनका अर्जेंट कुरियर हो, इसलिए मैंने उससे कहा कि सक्सेना जी को फोन कर ले लेकिन उनका नंबर भी स्विच ऑफ जा रहा था तो मैंने सोचा आपके तो वो बहुत अच्छे दोस्त हैं, अगर आप नहीं मिल पाएंगे तो कम से कम उनसे बात तो होती होगी आपकी, तो आप ही बता देना या दे देना उनको कभी" |

यह कहकर ऑफिस बॉय कोरियर को टेबल पर छोड़कर बाहर चला गया | श्रवण एक टक उस कुरियर को देखता रहा, न जाने उसे एक पल के लिए उस कुरियर पर बहुत गुस्सा आया जैसे उसका काम बीच में रुक गया हो लेकिन उसने अपने गुस्से पर काबू पाते हुए अपने कदम बढ़ाए और उसे छोड़ वो बॉस को रेजिग्नेशन देने चला गया |

लंच टाइम खत्म हो चुका था सारे एंप्लॉय अपनी अपनी सीट पर बैठ चुके थे और श्रवण बॉस के केबिन के बाहर पहुंच कर अपनी उखड़ती सांसो को सामान्य करने लगा तभी उसके साथ काम करने वाली रिया ने अपनी सीट से उसे देखते हुए इशारे में ही पूछा,

" क्या हुआ"?

श्रवण ने भी इशारे में ही उससे कहा,

“ कुछ नहीं, बस....” |

रिया ने उसे इस्माइल करने के लिए कहा, इससे श्रवण को थोड़ी सी तसल्ली हुई और वह केबिन के अंदर घुस गया |

केबिन के अंदर से जोर जोर की आवाजें आने लगीं, दोनों में बहस जो हो रही थी लेकिन कुछ देर तमाम दलीलों के बाद वह बॉस के केबिन से जब बाहर आया तो रिया ने फिर इशारे में पूछा,

“ आखिर क्या हुआ? बात क्या है”?

लेकिन उसने रिया की ओर देखा तक नहीं और अपने केबिन में आकर ड्रार से अपना कुछ सामान और बैग उठाकर बाहर आ गया | ऑफिस के सारे लोग आपस में खुसुर फुसुर करने लगे, उन्हें पता चल चुका था कि श्रवण ने यूं अचानक से नौकरी छोड़ दी इसका मतलब उसे जरूर इससे भी अच्छी नौकरी मिल गई होगी | उसने मुस्कुराते हुये सबसे बाय कहा और बाहर आ गया |

वो अभी लिफ्ट तक आया ही था कि तभी उसे कोरियर की याद आ गई लेकिन फिर से ऑफिस जाने का उसका मन ना हुआ और वह बोला,

“ मुझे क्या लेना देना उस कुरियर से और वैसे भी सक्सेना जी का तो ट्रांसफर हो चुका है” |

ये कहकर उसने लिफ्ट का बटन दबा दिया लेकिन तभी उसको याद आया कि सक्सेना जी का व्यवहार तो बहुत अच्छा था और तो और उन्होंने उसकी हर मोड़ पर मदद की और बड़े भाई की तरह उसको अच्छी सलाह दी, वो गुस्से में ये सब कैसे भूल रहा है” |

यही सब सोचकर वह भाग कर दोबारा ऑफिस गया और जल्दी से उस कुरियर को उठाकर वापस आने लगा तभी उसके कुछ दोस्तों और रिया ने उससे बिना कुछ पूछे ही कहा,

“ चल भाई आज से तो तू आजाद है और हां नई जॉब की बहुत-बहुत बधाई” |

श्रवण ने आश्चर्य से कहा, “ नई जॉब?? मतलब क्या कहना चाहते हो तुम लोग”?

तभी रिया ने कहा, “ क्या मतलब तेरा कि हम कहना क्या चाहते हैं? अरे तुझे नई जॉब मिल गई होगी इसलिए तो तूने इतनी अच्छी जॉब छोड़ दी” |

यह सब सुनकर श्रवण ने कहा, “ यार तुम लोग गलत समझ रहे हो,

दरअसल मैं कुछ टाइम के लिए ब्रेक लेना चाहता हूं और अपने घर जाना चाहता हूं, रही बात नौकरी की, तो वो तो कभी भी मिल जाएगी" |

इतना कहकर वह बाहर चला आया और सारे लोग उसे देखते ही रह गए |

वो आज बड़ा हल्का महसूस कर रहा था, जैसे उसके मन पर से कोई बहुत बड़ा बोझ हल्का हो गया हो |

2

सफर की शुरुआत

श्रवण ने घर आकर कुछ देर राहत की सांस ली, वह सोफे पर लेटे लेटे सोचता रहा कि उसकी जिंदगी तो जैसे एक दौड़ती हुई गाड़ी बन चुकी थी जब देखो नए नए प्रोजेक्ट्स पर काम करना, न खाने का टाइम न पीने का टाइम, यहां तक कि कुछ गिने-चुने दोस्तों से बात करने या मिलने तक का समय नहीं था उसके पास और उस पर से चैन की नींद सोए तो जैसे उसको बरसों हो गए थे, देर रात को घर आना और फिर न जाने क्या क्या" |

यही सब सोचते सोचते उसकी आंख लग गई और जब वह उठा तो रात हो चुकी थी | वह उठकर खाने के लिए कुछ बनाने लगा कि तभी उसके दरवाजे की घंटी बजी | उसने दरवाजा खोल कर देखा तो सामने एक दस से बारह साल की बच्ची खड़ी थी, जिसने मुस्कुराते हुए कहा,

" अंकल..... यह लीजिए केक.... आज मेरा बर्थडे है, मम्मी ने भेजा है" |

तभी पास वाले फ्लैट से बाहर उस बच्ची की मां निकली, उन्होंने हंसते हुए कहा,

“ अरे भैया... आज आपको आते हुये मैंने देखा था, मुझे लगा बेटी का बर्थडे है तो आपको पड़ोसी होने के नाते केक भिजवा दूं, बस हमने घर पर ही मना लिया, बाहर से ज्यादा किसी को बुलाया नही, वैसे तो पता नहीं कितने महीनों पहले मैंने आपको देखा था, आज आप इतनी जल्दी आ गए? तबीयत तो ठीक है ना आपकी”?

श्रवण ने कहा, “ जी हां... मेरी तबीयत ठीक है और केक के लिए धन्यवाद” |

उसने मुस्कुराते हुये बच्चीके हाथ से केक लेकर घर में रखी चॉकलेट उसे देते हुए कहा,

“ हैप्पी बर्थडे बेटा” |

बच्ची खुश होकर अपनी मां के साथ चली गई |

श्रवण ने केक खाया और फिर पुराने फिल्मी गाने लगा कर खाना बनाने लगा | कुछ देर बाद जब वह खाना खा कर लेटा कि तभी उसे उस कुरियर की याद आई | उसने झट से वह कुरियर उठाया और उसे खोलना चाहा लेकिन तभी उसे लगा कि नहीं नहीं यह ठीक नहीं होगा, यह सोचकर उसने उस कुरियर को रख दिया और सक्सेना जी को फोन किया लेकिन उनका फोन अभी भी स्विच ऑफ था |

श्रवण फिर लेटकर गाने सुनने लगा लेकिन उसके मन में उस कुरियर को खोलने की एक अजीब सी बेचैनी हो रही थी | उसके जहन में आया कि मिस्टर सक्सेना तो बहुत ही सुलझे स्वभाव के हैं, अगर वह होते यहां पर तो जरूर कहते कि इसे खोल लो, अरे मुझसे क्या शर्माना, यही सब बातें सोच कर उसने खुद से कहा, " चलो यार खोल ही लेते हैं, वैसे भी सक्सेना जी मिलेंगे तो मैं उनको दे दूंगा, मैं कौन सा इसे इस्तेमाल करने जा रहा हूं, बस देख ही तो रहा हूं" |

यही सोचकर उसने वो कुरियर खोला लेकिन उसे खोलते ही उसकी सारी जिज्ञासा खत्म हो गई क्युंकि उसमें एक कहानी की किताब थी, जिसका नाम था " समय – कहानी समय मे खोई कुछ जिंदगियों की" |

उसने मन ही मन कहा, " क्या यार.... बेकार मे हीं खोल दिया इसे, मुझे तो लगा कोई इंटरेस्टिंग सी चीज होगी लेकिन मैं तो ये भूल ही गया था कि यह सक्सेना जी का कुरियर है, उन्हें वैसे भी पढ़ाई लिखाई का काफी शौक है" |

ये कहते हुए उसने किताब को पढ़ना चाहा लेकिन फिर उसने सोचा क्यों न कल सफर में मैं इसे पढ़ लूंगा क्योंकि वह कुछ दिनों के लिए अपने घर जा रहा था, बहुत सालों बाद चैन की जिंदगी गुजारने, शायद..... |

इसके बाद वह अपना एक बड़ा सा बैग निकाल कर अपने कपड़े रखने

लगा, आखिरकार वह इतने सालों बाद अपने घर जा रहा था, वह खुश भी था कि अपनों से क्या नाराजगी, यही सब सोचते सोचते उसने अपनी पैकिंग की और सो गया |

अगले दिन शाम को उसने बैंगलोर जाने वाली ट्रेन पकड़ ली क्योंकि श्रवण का गांव बैंगलोर से बीस किलोमीटर दूर एक छोटे से कस्बे में था |

शाम हो चली थी, सर्दी का मौसम जोरों पर था, दिसम्बर जो था | वो ट्रेन में अपनी सीट पर बैठा खिड़की से बाहर देख रहा था, कोहरे की हल्की सी चादर छाने लगी थी, उसके अंदर आज एक अजीब सी शांति थी जो उसे एक अलग ही सुकून दे रही थी | उसने अपना सामान अपनी सीट के नीचे रखा और ट्रेन के दरवाजे के पास खड़ा राहगीरों को देखने लगा कि तभी एक बच्चे ने उससे आकर कहा,

" भैया.... भैया.... एक अखबार ले लो ना प्लीज" |

श्रवण ने कहा, " नहीं बेटा.... मुझे अखबार की जरूरत नहीं, और वैसे भी अभी रात में मैं सो जाऊंगा और कल नया अखबार पढ़ लूंगा, शाम को अखबार कौन बेचता है यार" |

उस लड़के ने काफी उदास मन से कहा,

“ भैया ले लो ना प्लीज... आज बहुत कम बिके हैं, ले लो भगवान तुम्हारा भी भला करेगा, अभी जाके सब्जी भी लेनी है” |

श्रवण को उस लड़के पर दया आ गई और उसने एक की बजाय दो न्यूज़पेपर खरीद लिये, लड़का खुशी से उसकी ओर देखता चला गया कि तभी ट्रेन की सीटी बजी और ट्रेन चल दी, बाहर की भीड अब जल्दी जल्दी ट्रेन मे अन्दर आने लगी और लोग अपनी अपनी सीट ढूंढने लगे |

वैसे तो श्रवण के पास पैसों की कमी नहीं थी लेकिन फिर भी उसने एसी कंपार्टमेंट की जगह स्लीपर कंपार्टमेंट में अपनी टिकट बुक कराई थी क्युंकि उसे अच्छा लगता था लोगों को आता जाता देखते हुए, इस तरह उसका समय बहुत आसानी से गुजर जाता था इसलिए जब भी वह कभी अकेला सफर करता था तो स्लीपर कंपार्टमेंट में ही अपना टिकट बुक करा था |

श्रवण का कंपार्टमेंट बिल्कुल शांत था, कुछ सीट खाली थी और कुछ भरी, उसने वह दोनों पेपर सीट के पास लगी जाली में रख दिये और अपनी सीट पर लेट गया | ट्रेन धीरे-धीरे आगे बढ़ने लगी और कुछ ही देर में वह हवाओं को चीरती हुई अपने गंतव्य की ओर आगे बढ़ने लगी तभी उसे उस कहानी की किताब की याद आई और उसने झट से बैग खोलकर किताब निकाल ली |

3

जानकी का ब्याह

श्रवण, सक्सेना जी की वो कहानी की किताब खोल कर पढ़ने लगा, उसने पहला पन्ना पलटा जिसमें लिखा था,

" यह कहानी मेरे प्रिय मित्र को समर्पित है, जो सत्य घटनाओं पर आधारित है, कहने को तो ये एक कहानी है लेकिन दरअसल यह पांच अलग अलग परिवारों की कहानी है जो कहीं ना कहीं एक दूसरे से जुड़ जाती है और समय चक्र में कुछ इस तरह फंस जाती है कि जहां से निकल पाना इंसान के बस की बात नही रहती, ये कहानी सिर्फ एक आइना है जिसको पढकर इंसान अपनी जिन्दगी की सच्चाई देख सके क्युंकि जिन्दगी का सच बहुत कडवा होता है............अज्ञात" |

लेखक के नाम की जगह अज्ञात लिखा देखकर श्रवण को अजीब लगता है और वो किताब के पहले और आखिरी पन्ने को देखता है लेकिन लेखक का कहीं भी नाम नही लिखा होता है |

वो मन ही मन कहता है, " मुझे क्या करना किसी ने भी लिखा हो, चलो पढकर देखते हैं इन अज्ञात महोदय ने क्या लिखा है"?

ये कहकर वो पढना शुरू कर देता है |

कहानी शुरू होती है मदन से, कानपुर जिले के एक छोटे से कस्बे मे रहने वाला चौबीस साल का मदन जो अपने परिवार का एकमात्र सहारा है, परिवार में उसके पिताजी और एक बहन है, मदन की मां का देहांत बीमारी के कारण कुछ सालों पहले हो चुका था, पिताजी भी बूढ़े होने के कारण अब कुछ काम नहीं कर पाते, उसकी छोटी बहन जानकी भी अब शादी के लायक हो चुकी है, जिसकी शादी के लिए अब कुछ पैसा भी इकट्ठा करना है |

मदन कई बार शहर जाकर पैसे कमाने के लिए कहता है लेकिन बूढ़े बाप और जवान बहन की जिम्मेदारी के कारण वह वहीं छोटे मोटे काम करके घर की दाल रोटी चलाता है लेकिन बिना दहेज के कौन करेगा उसकी बहन से शादी, यही सोच कर धीरे धीरे उसकी रातों की नींद उड़ने लगी |

एक दिन मदन के पिता ने मदन से कहा,

" अरे मदन.... वो लाल बिहारी के घरवाले अपनी जानकी को देख गये थे, क्या हुआ उसका? अपनी जानकी तो सीता जैसी सुंदर है, तू जरा आज दिन में उसके गांव चला जा, उसके घर जाकर पूछताछ तो कर, मुझे पता है बिहारी थोडा लालची है लेकिन क्या करें, परिवार भी तो अच्छा है" |

मदन ने कहा, “ पिता जी काहे उस बिहारी के पीछे पडे हो, जवाब भेज चुका है वो” |

पिता जी ने बडी उत्सुकता से कहा, “ देखा..... मुझे पता ....मुझे पता था, वह ना नहीं करेगा, तो अब बिटिया के लिए हम भी कुछ जुगाड़ करें” |

मदन ने कहा, “ अरे पिता जी काहे चिंता करते हो तुम, हम सब कर देंगे ना, तुम परेशान ना हो, हम अपनी जानकी का ब्याह ऐसे घर में करेंगे जो हमारी जानकी को देखते ही कहें कि बहू तो हमको यही चाहिये, और हम इन लोभी और पापी लोगों से अपनी बहन का ब्याह नही करेंगे, अब तुम आराम करो, हम देखते हैं कुछ काम धाम कर आते हैं” |

ये कहकर मदन बस बाहर जाने ही वाला था कि तभी पीछे से जानकी बोली,

“ काहे भैया..... काहे पिता जी को झूठी दिलासा देते हो, साफ-साफ काहे नहीं बताते” |

यह सुनकर मदन घबरा गया और उसने जानकी को चुप रहने के लिए कहा, लेकिन जानकी कहां चुप रहने वाली थी |

उसने कहा, " देखिये पिता जी, हम आपको सच बता बताएं तो उनके घर से रिश्ता मना हो गया है, क्युंकि उन लोगों का बहुत सारा रुपया चाहिए और पिताजी हम बताए दे रहे हैं कि हम ऐसे घर में नहीं ब्याह करेंगे जहां हमारी नहीं पैसों की कदर मांग हो" |

यह सुनकर पिताजी और परेशान हो गये और बोले,

" हे राम.... क्या चाहते हो प्रभु? जानकी की अम्मा तो स्वर्ग सिधार गई, वह तो बिटिया और बेटे दोनों का घर बसा नहीं देख पाई तो क्या हम भी उसी की तरह बिना इन दोनों का ब्याह देखें स्वर्ग सिधार जाएंगे" |

यह सुनकर जानकी ने चिल्लाते हुए कहा,

" अरे.... ऐसे कैसे हम आपको जाने देंगे, हम तो आपका दिमाग खा खा कर.... खा खा कर, दिमाग काट देंगे और खबरदार जो ऐसी बात दोबारा की वर्ना हम.......... बस, फिर हट जाएगा आपकी छाती पर से यह बोझा" |

यह सुनकर पिता जी मुस्कुराने लगे और मदन भी मुस्कुराकर बाहर

चला गया |

मदन कभी किसी की दुकान पर, कभी मकान पर मेहनत मजदूरी करके जो कुछ कमाई मिलती है उसमें से ही घर का खर्च चलाता, उस कमाई में बचत करना तो दूर जरूरी खर्च भी पूरे नही होते थे, हालांकि मदन ने बारहवीं तक पढ़ाई की थी लेकिन घर की जिम्मेदारी के कारण वो बाहर भी नहीं जा सका लेकिन अब धीरे-धीरे उसे लगने लगा था कि उसे बाहर जाना ही पड़ेगा, आखिर कब तक ऐसे चलेगा | उसके आसपास रहने वाले उसके साथ के लड़के दिल्ली मुंबई जा जाकर न जाने कितनी कमाई करके लाते थे और उसके पास अपने पिता और बहन के अलावा और कुछ नहीं था |

दिन धीरे-धीरे बीत रहे थे और मदन की चिंता धीरे-धीरे बढ़ती जा रही थी जानकी और बापू भी मदन के चेहरे को देख कर जान रहे थे कि मदन के अंदर क्या चल रहा था लेकिन कौन किससे क्या कहता, जब हालात ही ऐसे थे |

एक दिन मदन ने जानकी से कहा, " जानकी.... मेरी बड़ी इच्छा है कि तेरा ब्याह हम खूब धूमधाम से करें, जो तुझे पसंद हो हम वह सामान दें लेकिन मुझे लगता है कि मेरा सपना पूरा नहीं हो पाएगा" |

ये सुनकर जानकी परेशान हो जाती है और कहती है,

“ क्युं भैया?? ऐसा काहे बोल रहे हो, परेशान न हो मुझे कोई सामान नहीं चाहिए, तुम बस खुश रहो और साथ रहो” |

यह सुनकर मदन ने कहा, “ बस यही तो परेशानी है साथ रहने वाली, अगर हमेशा तुम्हारे और पिताजी के साथ बने रहे तो वह दिन दूर नहीं जब ये घर भी बिक जाएगा” |

यह सुनकर जानकी उदास हो गई, हालांकि जानकी बहुत समझदार थी लेकिन छोटे होने के नाते मदन ने उसे बड़े लाड प्यार से प्याला पाला था और इसीलिये वह चाहता था कि अपनी शादी करने से पहले वह बहन की शादी करे |

4

अनोखी दोस्ती

मदन ने जानकी को समझाते हुये कहा,

" सच कहें जानकी, तो मेरा मन होता कि मैं भी शहर जाकर कुछ पैसा कमाऊं ताकि तुम्हारा अच्छी जगह ब्याह हो जाए, बापू की दवाई का इंतजाम हो जाए और तो और ये टूटा फूटा घर कब गिर जाए कोई भरोसा? इसकी मरम्मत भी तो करानी है" |

जानकी ने अपना मन मजबूत करते हुये कहा,

" बात तो भैया तुम सही कह रहे हो लेकिन......." | यह कहकर जानकी रुक गई |

मदन ने उसे बहुत समझाया और जानकी मान गई और उसके मानने का मतलब था कि पिताजी भी मान जाएंगे | उसने पिताजी को भी जिद करके मनवा लिया कि मदन शहर जाएगा और अच्छी सी नौकरी करेगा जाकर, जिससे उन सब की जिंदगी खुशहाल हो जाएगी फिर आखिरकार वह दिन आ गया जब मदन शहर से बाहर जाने वाला था, बहन बहुत उदास थी पर संतोष भी था कि भाई के बाहर जाने से ही घर चलेगा और उसकी शादी की जिम्मेदारी भी तो उसी पर ही थी |

जानकी उसके जाने की तैयारी कर रही थी और रात के लिये खाना बांध रही थी | मां के जाने के बात बाद पिता और भाई ने जानकी को पाल पोस कर बड़ा किया लेकिन कब जानकी बड़ी होकर अपने पिता और भाई को पालने लगी पता ही नहीं चला |

किसी ने सच ही कहा है जिम्मेदारियों और तकलीफों में बच्चे उम्र से पहले ही बड़े हो जाते हैं |

जानकी का मन बहुत घबरा रहा था लेकिन वह अपने चेहरे की खुशी और दिल की घबराहट से लगातार लड़ रही थी ताकि उसके भाई की हिम्मत ना टूटे |

पिताजी का आशिर्वाद लेकर मदन घर से निकल आया और दिल्ली वाली

बस पर बैठ गया | बस कुछ ही देर में रवाना हो गई दिल्ली शहर के लिए | मदन की आंखों में आज एक नई खुशी थी कि शहर जाकर वह चार पैसे कमाएगा फिर सब कुछ ठीक हो जाएगा और इसी उम्मीद में थे जानकी और उसके पिताजी | ऐसा लग रहा था कि बस जोरों से चलती जा रही थी और परेशानियों की धूल पीछे उड़ती जा रही थी |

तभी आवाज आती है,

" चाय... चाय... चाय... चाय...." |

इस चाय की आवाज से श्रवण का ध्यान हटता है तो देखता है कि ट्रेन किसी स्टेशन पर रुकी है, वह अपने कंपार्टमेंट में है और अब उसके सामने वाली सीट पर कोई आदमी आ कर लेटा हुआ है, जिसके नीचे वाली सीट पर एक महिला लेती हुई है उसने मन ही मन कहा, " दोनों हस्बैंड वाइफ होंगे शायद क्योंकि अभी तक तो कोई नहीं था" |

तभी उसने चाय वाले को आवाज़ देना चाहा लेकिन वह आगे निकल चुका था |

उसने मन ही मन कहा, " कितनी अच्छी कहानी है... अब शहर आकर मदन अपने सपने साकार करेगा जैसे......"?

इतना कहकर श्रवण खामोश हो गया, उसे ऐसा लगा जैसे कहीं ना कहीं वह मदन से जुड़ गया हो, उसने भी तो यही सोचा था शहर आकर नौकरी करेगा, पैसे कमाएगा फिर उसके परिवार में उसकी इज्जत बढ़ जाएगी, उस परिवार में... जिसमें दिन रात उसको ताने मिलते थे कि तू कुछ नहीं कर पाएगा, कुछ नहीं कर पाएगा, भूखा मरेगा, आलसी, मक्कार......और न जाने क्या क्या....?? उसके चेहरे पर आई खुशी एकाएक उदासी में बदल गई |

उसने मन ही मन कहा, " खैर छोड़ो..... क्या फर्क पड़ता है, मदन के साथ ऐसा कुछ नहीं होगा" | तभी ट्रेन ने फिर होर्न मारा और उस स्टेशन से चल पडी | उसने फिर से किताब उठाकर उसका पन्ना पलटा और कहानी पढ्ना शुरू कर दिया |

अब कहानी शुरू होती है इस किताब के दूसरे पड़ाव की जिसमें हैं हर्ष और रुद्र, चौबीस साल का रुद्र और पच्चीस साल का हर्ष, दोनों बचपन के दोस्त हैं, दोनो दिल्ली में ही रहते हैं, दोनों के परिवार भी एक दूसरे के साथ बहुत मेल जोल रखते थे और यही कारण था की दोनों के परिवार एक सड़क दुर्घटना में साथ-साथ जाते समय मारे गए | इस दौरान वो दोनों ही नौंवी कक्षा में पढ रहे थे | इस हादसे के बाद दोनों ने ही एक-दूसरे को संभाला था | बड़े होने के नाते हर्ष ने रुद्र को अपने साथ अपने घर में ही रख लिया था और रुद्र ने अपना घर किराए पर उठा दिया था, क्या करते और कोई सहारा भी नही था, वैसे तो दोनों के ही कई रिश्तेदार थे

लेकिन सब कुछ ही दिनों में अपना मतलब ढूंढने लगे इसलिये दोनों ने उनके साथ के बजाये एक दूसरे के साथ रहना शुरू कर दिया |

दोनों साथ पढ़े और साथ ही बड़े हुए और साथ में ही नौकरी कर रहे थे | दोनों में कौन ज्यादा अच्छा इंसान है कहना मुश्किल है क्योंकि दोनों एक दूसरे पर जान देने वाले, दूसरों की मदद करने वाले और सब का ध्यान रखने वाले लड़के हैं | दोनों दिन भर काम करते और रात में पूरे शहर का चक्कर मारते, घूमना- फिरना, मूवी देखना पार्टी जाना उनकी रोज की आदत थी | जिंदगी जैसे उनके लिए हवा की तेज रफ्तार जैसे हो | उनका कहना था कि, "जब जिंदगी हमसे लेने में कुछ नहीं सोचती तो फिर हम उससे कुछ लेने में क्यों शरमाए, नो टेंशन, मस्त जीवन" |

उनकी सोच ही उनको एक दम बिंदास रखती, ऐसा लगता जैसे दोनों को बाहरी दुनिया से कोई मतलब ही नहीं है, उनके लिए बस दिनभर ऑफिस का काम और शाम को मस्ती और आराम बस, और भला ऐसा होता भी क्यों ना? बचपन से उन दोनों ने इतनी मुसीबततें जो झेलीं थीं |

अब जब दोनों बडे हो गये थे और अच्छी नौकरी करने लगे थे तो दोनों के रिश्तेदार भी उनका हाल पूछ लेते लेकिन दोनों को उनसे अब कोई शिकायत नही थी, वो तो बस अपने में मस्त रहते | कई बार कोई ना कोई रिश्तेदार उनके लिये रिश्ता भेज देते थे, ये कहकर कि " शादी की उम्र हो गई है लड़की देख लो", लेकिन मजाल है दोनों लड़की देखने तक जाते क्योंकि दोनों ही जानते थे कि ये वही रिश्तेदार हैं जिन्होंने उनकी मुसीबत में जरा भी साथ नहीं दिया |

रुद्र तो हर्ष से कई बार कहता, “ हम किसी गधी से शादी कर लेंगे लेकिन किसी रिश्तेदार की बताई हुई लड़की से तो शादी करना ही नहीं है” |

हर्ष इस बात पर जोर जोर से हंसता और कहता, “ बिल्कुल सही बात है.... मैं तुम्हारे लिए गधी ही ढूंढ कर लाऊंगा” |

इस पर रुद्र उसे चिढाता हुआ कहता, “ हां....हां....क्युं नही.... हमारी शर्त तो जैसे तुम भूल गए जिसके हिसाब से गधी की बड़ी बहन से शादी तुम कर लेना” |

ये कहकर दोनों ही एक दूसरे पर हंसने लगते |

मदन ने जानकी को समझाते हुये कहा,

“ सच कहें जानकी, तो मेरा मन होता कि मैं भी शहर जाकर कुछ पैसा कमाऊं ताकि तुम्हारा अच्छी जगह ब्याह हो जाए, बापू की दवाई का इंतजाम हो जाए और तो और ये टूटा फूटा घर कब गिर जाए कोई भरोसा? इसकी मरम्मत भी तो करानी है” |

जानकी ने अपना मन मजबूत करते हुये कहा,

“ बात तो भैया तुम सही कह रहे हो लेकिन.......” | यह कहकर जानकी रुक गई |

मदन ने उसे बहुत समझाया और जानकी मान गई और उसके मानने का मतलब था कि पिताजी भी मान जाएंगे | उसने पिताजी को भी जिद करके मनवा लिया कि मदन शहर जाएगा और अच्छी सी नौकरी करेगा जाकर, जिससे उन सब की जिंदगी खुशहाल हो जाएगी फिर आखिरकार वह दिन आ गया जब मदन शहर से बाहर जाने वाला था, बहन बहुत उदास थी पर संतोष भी था कि भाई के बाहर जाने से ही घर चलेगा और उसकी शादी की जिम्मेदारी भी तो उसी पर ही थी |

जानकी उसके जाने की तैयारी कर रही थी और रात के लिये खाना बांध रही थी | मां के जाने के बात बाद पिता और भाई ने जानकी को पाल पोस कर बड़ा किया लेकिन कब जानकी बड़ी होकर अपने पिता और भाई को पालने लगी पता ही नहीं चला |

किसी ने सच ही कहा है जिम्मेदारियों और तकलीफों में बच्चे उम्र से पहले ही बड़े हो जाते हैं |

जानकी का मन बहुत घबरा रहा था लेकिन वह अपने चेहरे की खुशी और दिल की घबराहट से लगातार लड़ रही थी ताकि उसके भाई की हिम्मत ना टूटे |

पिताजी का आशिर्वाद लेकर मदन घर से निकल आया और दिल्ली वाली बस पर बैठ गया | बस कुछ ही देर में रवाना हो गई दिल्ली शहर के लिए | मदन की आंखों में आज एक नई खुशी थी कि शहर जाकर वह चार पैसे कमाएगा फिर सब कुछ ठीक हो जाएगा और इसी उम्मीद में थे जानकी और उसके पिताजी | ऐसा लग रहा था कि बस जोरों से चलती जा रही थी और परेशानियों की धूल पीछे उड़ती जा रही थी |

तभी आवाज आती है,

“ चाय... चाय... चाय... चाय....” |

इस चाय की आवाज से श्रवण का ध्यान हटता है तो देखता है कि ट्रेन किसी स्टेशन पर रुकी है, वह अपने कंपार्टमेंट में है और अब उसके सामने वाली सीट पर कोई आदमी आ कर लेटा हुआ है, जिसके नीचे

वाली सीट पर एक महिला लेती हुई है उसने मन ही मन कहा, “ दोनों हस्बैंड वाइफ होंगे शायद क्योंकि अभी तक तो कोई नहीं था” |

तभी उसने चाय वाले को आवाज़ देना चाहा लेकिन वह आगे निकल चुका था |

उसने मन ही मन कहा, “ कितनी अच्छी कहानी है... अब शहर आकर मदन अपने सपने साकार करेगा जैसे......”?

इतना कहकर श्रवण खामोश हो गया, उसे ऐसा लगा जैसे कहीं ना कहीं वह मदन से जुड़ गया हो, उसने भी तो यही सोचा था शहर आकर नौकरी करेगा, पैसे कमाएगा फिर उसके परिवार में उसकी इज्जत बढ़ जाएगी, उस परिवार में... जिसमें दिन रात उसको ताने मिलते थे कि तू कुछ नहीं कर पाएगा, कुछ नहीं कर पाएगा, भूखा मरेगा, आलसी, मक्कार......और न जाने क्या क्या....?? उसके चेहरे पर आई खुशी एकाएक उदासी में बदल गई |

उसने मन ही मन कहा, “ खैर छोड़ो..... क्या फर्क पड़ता है, मदन के साथ ऐसा कुछ नहीं होगा” | तभी ट्रेन ने फिर होर्न मारा और उस स्टेशन से चल पडी | उसने फिर से किताब उठाकर उसका पन्ना पलटा और कहानी पढ़ना शुरू कर दिया |

अब कहानी शुरू होती है इस किताब के दूसरे पड़ाव की जिसमें हैं हर्ष और रुद्र, चौबीस साल का रुद्र और पच्चीस साल का हर्ष, दोनों बचपन के दोस्त हैं, दोनो दिल्ली में ही रहते हैं, दोनों के परिवार भी एक दूसरे के साथ बहुत मेल जोल रखते थे और यही कारण था की दोनों के परिवार एक सड़क दुर्घटना में साथ-साथ जाते समय मारे गए | इस दौरान वो दोनों ही नौंवी कक्षा में पढ रहे थे | इस हादसे के बाद दोनों ने ही एक-दूसरे को संभाला था | बड़े होने के नाते हर्ष ने रुद्र को अपने साथ अपने घर में ही रख लिया था और रुद्र ने अपना घर किराए पर उठा दिया था, क्या करते और कोई सहारा भी नही था, वैसे तो दोनों के ही कई रिश्तेदार थे लेकिन सब कुछ ही दिनों में अपना मतलब ढूंढने लगे इसलिये दोनों ने उनके साथ के बजाये एक दूसरे के साथ रहना शुरू कर दिया |

दोनों साथ पढ़े और साथ ही बड़े हुए और साथ में ही नौकरी कर रहे थे | दोनों में कौन ज्यादा अच्छा इंसान है कहना मुश्किल है क्योंकि दोनों एक दूसरे पर जान देने वाले, दूसरों की मदद करने वाले और सब का ध्यान रखने वाले लड़के हैं | दोनों दिन भर काम करते और रात में पूरे शहर का चक्कर मारते, घूमना- फिरना, मूवी देखना पार्टी जाना उनकी रोज की आदत थी | जिंदगी जैसे उनके लिए हवा की तेज रफ्तार जैसे हो | उनका कहना था कि, "जब जिंदगी हमसे लेने में कुछ नहीं सोचती तो फिर हम उससे कुछ लेने में क्यों शरमाए, नो टेंशन, मस्त जीवन" |

उनकी सोच ही उनको एक दम बिंदास रखती, ऐसा लगता जैसे दोनों को बाहरी दुनिया से कोई मतलब ही नहीं है, उनके लिए बस दिनभर ऑफिस का काम और शाम को मस्ती और आराम बस, और भला ऐसा होता भी क्यों ना? बचपन से उन दोनों ने इतनी मुसीबतें जो झेलीं थीं |

अब जब दोनों बडे हो गये थे और अच्छी नौकरी करने लगे थे तो दोनों के रिश्तेदार भी उनका हाल पूछ लेते लेकिन दोनों को उनसे अब कोई शिकायत नही थी, वो तो बस अपने में मस्त रहते | कई बार कोई ना कोई रिश्तेदार उनके लिये रिश्ता भेज देते थे, ये कहकर कि " शादी की उम्र हो गई है लड़की देख लो", लेकिन मजाल है दोनों लड़की देखने तक जाते क्योंकि दोनों ही जानते थे कि ये वही रिश्तेदार हैं जिन्होंने उनकी मुसीबत में जरा भी साथ नहीं दिया |

रुद्र तो हर्ष से कई बार कहता, " हम किसी गधी से शादी कर लेंगे लेकिन किसी रिश्तेदार की बताई हुई लड़की से तो शादी करना ही नहीं है" |

हर्ष इस बात पर जोर जोर से हंसता और कहता, " बिल्कुल सही बात है.... मैं तुम्हारे लिए गधी ही ढूंढ कर लाऊंगा" |

इस पर रुद्र उसे चिढाता हुआ कहता, " हां....हां....क्युं नही.... हमारी शर्त तो जैसे तुम भूल गए जिसके हिसाब से गधी की बड़ी बहन से शादी तुम कर लेना" |

ये कहकर दोनों ही एक दूसरे पर हंसने लगते |

5

पिता की नफरत

रुद्र और हर्ष ने अपने बीते दिनों में एक दूसरे से वादा किया था कि उन दोनों की दोस्ती जीवन भर नहीं टूटेगी, वक्त चाहे जैसा भी आ जाए लेकिन वो हर हाल में एक दूसरे का साथ निभायेंगे, लेकिन उन्हें पता था कि एक ना दिन शादी तो करनी ही पड़ेगी इसलिए उन्होंने अपने इस रिश्ते को बरकरार रखने के लिए एक नया उपाय निकाला था, वो ये था कि वो दो सगी बहनों के साथ शादी करेंगे ताकि शादी के बाद जब वह दोनों लड़कियां घर आएं तो बहने होने के नाते वह लड़ेंगीं झगड़ेंगी नहीं, प्यार से रहेगी और वो दोनों भी प्यार से उनके साथ रहेंगे और अगर कहीं उन्होंने किसी और अलग-अलग लड़कियों से शादी कर ली तो उनकी दोस्ती में दरार आ सकती है |

हर्ष का तो कहना था, " यार अभी हमने किसी का क्या बिगाड़ा है कम से कम तीस – पैंतीस साल का तो हो जाने दो उसके बाद शादी करेंगे, जब अपने आप खाना पीना नहीं बन पाएगा" |

यह सुनकर रुद्र हंसता और कहता है, तीस पैंतीस साल में तुम ही बूढ़े हो जाओगे, मैं तो जवान ही रहूंगा और क्या? अभी तो हमारे जीने के दिन है, पीने के दिन है, खेलने कूदने के दिन है" |

यह कहकर दोनों खूब हंसते हा हा हा हा हा हा हा हा......|

हा हा हा हा हा........ " अरे भाई साहब..... क्या हुआ आपको? उठिये भाई साहब" |

किसी अनजान आदमी ने जब श्रवण को हिला कर यह बात कही तो वो घबरा गया |

उसने कहा, " क....क कुछ भी तो नहीं हुआ" |

तभी उस आदमी ने कहा, " अरे आप हा हा हा हा हंस रहे थे, इसलिए मुझे लगा शायद सपना देख रहे हों, मैं तो घबरा गया, इसलिये आपको हिलाया क्युंकि आप सोये हुये भी नही लग रहे थे" |

श्रवण ने मुस्कुरा कर कहा, " अरे कुछ नहीं, वो दरसल मैं किताब पढ़ रहा था, मैं इतना खो गया कि मुझे पता ही नहीं चला, कितनी अच्छी जिंदगी है हर्ष और रुद्र की" |

यह सुनकर वो आदमी मुंह बना कर कुछ बडबडाता हुआ अपनी सीट पर लेट गया तभी श्रवण ने देखा कि गाड़ी किसी स्टेशन पर रुकी थी | रात का सन्नाटा गहरा था लेकिन स्टेशन पर मजाल थी कि कुछ शांति होती लेकिन कोहरा सबको अपने आगोश में ले रहा था और तभी कोहरे को चीरते हुए एक चायवाला आया और बोला,

“ चाय... चाय.... छोटे उस्ताद की स्पेशल चाय पियोगे तो सर्दी में गर्मी का एहसास दिला देगी, चाय... चाय...” |

श्रवण ने मुस्कुराते हुए कहा, “ भाई.... एक चाय बना दे, मैं भी देखूं तेरी चाय में कितनी गर्मी है” |

उस लड़के ने चाय बना कर दी और बाहर चला गया | ट्रेन भी अब चल दी, कंपार्टमेंट में अभी भी दो सीट खाली थी | हर्ष और रुद्र की कहानी पढ़कर श्रवण के अंदर एक बचपना सा जाग रहा था | उसने चाय की चुस्की ली और कहा “ हम्म्म....चाय तो वाकई बहुत मस्त है” |

कहानी की तरह ट्रेन धीरे-धीरे रफ्तार पकड़ने लगी तभी उसने किताब को पलटना शुरू किया लेकिन चाय पीते हुए किताब पढ़ना उसे थोड़ा असहज महसूस हुआ | उसने किताब बंद कर दी और चाय पीने लगा, चाय पीते पीते न जाने क्यों वो अपने अतीत में चला गया, उसका भी तो कितना अच्छा एक दोस्त था, हां हर्ष या रुद्र जितना अच्छा नही लेकिन

फिर भी..... जिसके साथ वो दिनभर यहां वहां घूमता फिरता रहता था लेकिन पिताजी, पिताजी को वो फूटी आंख नहीं सुहाता था, हमेशा उसको देख कर चिल्लाते थे, " बस इसी के साथ आवारा गर्दी करता रहेगा, कुछ पढ़ाई पढ़ाई नहीं करके क्या मेरा नाम खराब करेगा" ?

मां पिताजी को बहुत रोकती लेकिन पिताजी रुकने के बजाय मां पर ही बरस जाते, " सब तेरी गलती है एक बच्चे के बाद दूसरा बच्चा नहीं पैदा कर सकी, अकेली औलाद तो होती ही निकम्मी है, ऐसी औलाद क्या बताऊं मैं? अरे कम से कम दो चार बच्चे होते तो एक नकारा निकल गया दूसरा तो अच्छा निकलता, ऊपर से ये दोस्ती यारी, अगर मेरे घर में कोई तेरा यार दोस्त आ गया ना तो उसके साथ साथ तुझे भी बाहर निकाल दूंगा" |

इन तानों की गूंज आजतक उसके कानों में गूंजती है, जिसकी आवाज सुनकर वो सहम जाता, श्रवण को आज तक समझ में नहीं आया कि पिताजी आखिर उससे इतनी नफरत क्यों करते थे? जबकि मैं ना ही पढ़ने में खराब था, ना ही आवारा और नालायक था, बस उनकी कठपुतली नहीं था, एक ही यही कमी थी |

चाय पीते पीते वो खुद से ही बातें करने लगा कि तभी उसकी मां का उदास चेहरा उसकी नजरों के सामने आ गया तभी उसने फिर चाय की चुस्की लेते हुए कहा, " कोई बात नहीं.... अब जा रहा हूं ना इतने सालों बाद, पिताजी जरूर याद करते होंगे मुझे, फोन नहीं करते तो क्या हुआ? आखिर बाप हैं, थोडे से सख्त हैं वो अलग बात है" |

उसने चाय खत्म की और मिट्टी का कुल्लड़ बाहर फेंकने के लिए थोडी सी खिडकी खोली, खिडकी खोलते ही ऐसा लगा जैसे किसी ने ठंडी हवा के गोले अंदर फेंक दिए हों | अभी उसे दो सेकंड भी नहीं हुआ था कि सामने वाली महिला उठकर बोली,

" अरे भैया ज्यादा गर्मी लगती हो तो जाकर दरवाजे के पास खड़े हो जाओ, हमें क्युं मारे डाल रहे हो, यहां सर्दी के मारे कुल्फी जमी जा रही है, इन्हें गर्मी सता रही है" |

वो कुछ नहीं बोल सका और फटाफट खिड़की बंद की और मुस्कुराने लगा | उसने सोचा कि उसकी लग्जरी लाइफ़स्टाइल, नौकरी, प्रोजेक्ट इन सब से हटकर यह सब चीजें कितनी जिंदगी से भरी हुई थीं, जो महसूस कराती थी कि वह इंसान है मशीन नहीं | उसने मन ही मन कहा कि सच में नौकरी छोड़ कर मैंने बहुत सही किया, चलो फिलहाल अभी बहुत टाइम है आगे की कहानी पढ़ते हैं कि अगला पेज क्या कहता है |

वो फिर आराम से लेट जाता है और किताब का पन्ना पलटता है और यहां से शुरू होती है एक तीसरी कहानी |

6

हरिया की जिन्दगी

ये तीसरी कहानी थी एक किसान हरिया की, जो कि एक छोटे से गांव में अपनी पत्नी, बड़ी बहू और एक पोते के साथ रहता है | उसके दो बेटे हैं बड़ा बेटा दिनेश दिल्ली शहर में काम करता है और छोटा बेटा दीपक परिवार के साथ दूसरे शहर मेरठ में रहता है | यूं तो सब अपना जीवन यापन कर रहे हैं पर फिर भी बहुत कुछ कमी है जिसे हरिया कभी जाहिर नहीं करता | हरिया मस्त मौला है, खेतों में काम करता है और घर आकर अपने पोते के साथ मस्त रहता है |

गांव में हर कोई उसे हरिया चाचा कह कर बुलाता है चाची भी दिन भर कभी घर में कभी खेतों में काम करतीं और खुश रहतीं | हरिया चाचा और चाची दोनों इतने सरल स्वभाव के थे कि गांव में किसी का कोई भी काम होता वो कभी मना नहीं करते, सब उनको बड़ा आदर सत्कार देते थे |

शहर से लड़के हर त्यौहार पर आते थे और हरिया चाचा को कुछ खर्चा पानी दे जाते, बड़ा लड़का अक्सर ज्यादा पैसे देता था क्योंकि उसकी पत्नी और आठ साल का बेटा गप्पू हरिया चाचा के पास ही रहता था और छोटा बेटा कभी पैसे देता और कभी नहीं, धीरे धीरे अब दीपक ने त्योहारों

पर आना भी कम कर दिया था | हरिया चाचा फिर भी उन दोनों से ही कभी कुछ नहीं कहते, यह सोच कर कि, वह भी मजबूर हैं क्या करते, उनके परिवार की भी जिम्मेदारी उन्हीं पर है और उनके खर्च भी कुछ कम नहीं हैं |

वह खेती-बाड़ी करके घर का खर्च चलाने के लिए पैसे का जुगाड़ कर ही लेते और जो उनके लड़के दे जाते वह जमा करते रहते कि क्या पता कभी लड़कों को ही जरूरत पड़ी तो वह उन्हें ही दे देंगे, शहर की नौकरी का क्या भरोसा, कब छूट जाए..... यही सोच कर जब बहुत जरूरी होता तभी वो उनके पैसों को हाथ लगाते हैं वरना अपनी बहू को उन पैसों का कुछ हिस्सा दे देते और बाकी जमा कर देते |

इन तंग हालातों में भी सारे लोग खुश थे लेकिन बस एक कमी थी जो हरिया को काफी खल रही थी और वो थी एक भैंस की, वह कई महीने से एक भैंस लेना चाहता था, एक साल पहले कमरे की मरम्मत कराने के लिए उसे भैंस बेचनी जो पड़ी थी, चाची ने तो दो दिन किसी से बात ही नहीं की थी, क्या करती आखिर उसमें भैंस को अपने घर के सदस्य की तरह जो पाला था |

शहरों में अक्सर इंसान इंसान की इज्जत नहीं करता लेकिन गांव में जानवरों को भी अपने घर के सदस्य की तरह ही पाला जाता है, जिनके जाने पर उतना ही दुख होता है जितना किसी इंसान की जाने पर लेकिन मजबूरी जो ना कराए |

हरिया की बडी बहु और गप्पु को दूध दही बहुत पसंद था, घर में भैंस थी तो कभी कभी गप्पु के लिये चाची मिठाई भी बना देती थी लेकिन अब

भैंस बिक जाने और इन तंग हालातों में उसको दूध तक पिलाना थोड़ा सा मुश्किल हो गया था इसलिए हरिया जल्दी से जल्दी एक भैंस लेना चाहता था ताकि गप्पु के चेहरे पर थोडी रौनक आ जाये और वो और उसकी मां दोनो खूब दूध पियें, दरसल गप्पू के पैदा होने के बाद बडी बहू को कुछ परेशानी भी हो गई थी जिसके कारण उसे दूसरा बच्चा होने में काफी जोखिम थे इसलिये उसकी दवाई भी चल रही थी, हालांकि दवा सरकारी अस्पताल से चल रही थी इसीलिये बहू दुखी और कमजोर भी रहती थी |

हरिया के घर आते ही गप्पू उससे लिपट जाता और रोज जिद करता है, "बाबा हमका भैंस का दूध पीना है, मिठाई खानी है, हमका एक भैंस ला दो ना बाबा....., सबके घर मा तो भैंस है, हमरे घर में काहे नाहीं है" |

वो गप्पू को बड़े प्यार से समझाता, “ ओ बचुआ चिंता काहे करत हो, हम बहुत जल्दी तोहार लिए भैंस ले आएंगे, बस एक बार शहर जा पाएं और थोड़ा रुपिया का जुगाड़ हो जाये” |

गप्पू अपने बाबा की बात बड़े प्यार से मान जाता और खुश होकर खेलने चला जाता | चाची चाचा के पास आकर कहती, “ ई का है ...??? जे रोज-रोज हमार गप्पू बचुआ का झूठी दिलासा काहे देत हो, बेचारा कब से भैंस की लालसा लगाए बैठा है और तुम हो कि बस.........जे कभी सोचत हो कि रोज-रोज उसे झूठी दिलासा देयोगे तो का गुजरी ऊपे, जो भैंस ना आ पाए” |

यह सुनकर हरिया हंसते हुए कहता है, “ हमका तो लागत है कि गप्पू से जादा तो तुम परेसान हो दीपक की अम्मा, हम कछु ना कछु जुगाड़ कर देंगे तो फिर कर देंगे, तुम काहे को अपना खून सुखाये हो, अब जाओ हमारे लिए का बनाई हो लेकर आओ, सुगंध तो बड़ी जोर की आवत है, उही सूंघत सूंघत तो खेत से सीधा इहां हम चले आये, कसम से दीपक की अम्मा तुम हमार जिंदगी में ना होती तो हमार जिंदगी तो सुखी माटी थी समझो” |

यह सुनकर चाची शरमा कर कहती हैं, “ हाय राम, कछु तो लिहाज़ करो, अब ई सब करन की तुम्हारी उमर नाहीं रही, हम सब जानत हैं, तोहार बातन में हम नाही आन वाले, अब ई सब बात तो हमार लडिका बहू का करी चाही” |

ये सुनकर हरिया हंसते हुए बोला, “ लो जी भला....अब अईसा का कह दिया हमने, तुम तो अईसे कह रही हो जईसे हमने तोका लाइन मार दी हो, और तुम कोई नई नवेली दुलहिन हो, अरे सच ही तो कहत हैं, तोहार खातिर है हमार जिंदगी बस.....” |

इस पर चाची भी अपना घुंघट सरकाते हुए बोलीं, “ हमार तो सब कुछ तुमहि हो, सूखी माटी तो हम हते, तुम तो जल की बूंद हो, जो हमार में मिलकर इत्ती हरियाली कर दी और ई बगीचा सजा दियो” |

यह सुनकर हरिया चाचा ने उन्हें गले लगाना चाहा लेकिन चाची उनको धकेल कर अंदर चली गई तभी बड़ी बहू ने अंदर से आवाज दी, “ अम्मा....ओ अम्मा.... अरे जरा दुआरे देख लेऊ, जे गपुआ जाने कहां मर गया, कबसे लापता है”?

चाची ने अन्दर आकर कहा, “ देख बहू, हम तोका कित्ती बार कह चुके हैं कि हमार फूल जईसे पोते को अईसे ना कहा करो, कहां जावेगा दुआरे खेलत होगा, तु काहे परेशान है, जब ऊका खेल के मन भर जाई तो आजाई अपने आप, तू बापू के लिये खाना लगा” |

बहू ने रसोई में घुसकर थाली उठाते हुये कहा, “ लेकिन अम्मा अब सांझ हुई गई, बापू को खाना दे कर जरा दुआरे से बुला देऊ” |

ये कहकर बहु ने मकई की रोटी और साग थाली में रखकर चाची को दे दिया और कुछ बरतन मांजने लगी | चाची हरिया को खाना देकर गप्पू को बुलाने बाहर चली गई |

बस ऐसे ही चलती जा रही थी जिंदगी हरिया और उसके परिवार की, जिसमें जरा से सिक्के हैं और ढेर सारी खुशियों की खनखनाहट |

7

यही तो है वो लड़की

" ओ भाई ...... ये बैग आपका है" ? इस तीखी सी आवाज से श्रवण का ध्यान टूटा और वो कहानी से निकला, वह कुछ समझ पाता कि तभी उस आदमी ने दोबारा कहा, " अरे भाई साहब यह बैग आपका है तो इसे हटा लीजिए, हमें अपना बैग भी रखना है, या तो इसे ठीक से रख लीजिए वर्ना बाद मे मत कहियेगा" |

श्रवण किताब का वह पन्ना मोड़कर किताब को सीट पर रखकर उठा और बिना कुछ बोले ही उसने अपने बैग को थोड़ा सा एडजस्ट किया और उस आदमी ने अपने बड़े बड़े दो बैग सीट के नीचे ऐसे घुसा दिये मानो किसी ने उसकी जायदाद पर कब्जा कर लिया था |

श्रवण मन ही मन मुस्कुराया, आखिरकार यही सब तो देखने के लिए वह स्लीपर में आता था | उसने सोचा अब उठ गया हूं तो चलो वॉशरूम हो आता हूं | यह कहकर वो वॉशरूम चला गया | ट्रेन किसी स्टेशन पर रुकी थी, उसने हांथ मुंह धोया और बाहर आकर ट्रेन के दरवाजे के पास

खड़ा हो गया, इस स्टेशन पर कोई भी चहल पहल नही थी, बाहर अंधेरे के सिवाय कुछ भी नहीं दिख रहा था और सफेद कोहरा ट्रेन के दरवाजे से कुछ इस कदर आ रहा था जैसे किसी ने आज अपनी दोनों बांहें खोल दी हों अपने प्यार के लिए |

श्रवण को कहानी पढ़कर इतना अच्छा महसूस हो रहा था जैसे मानो उसकी जिंदगी में अब सब कुछ ठीक हो गया हो तभी उसे फिर से याद आया कि एक बार सक्सेना जी का नंबर मिला ले, हालांकि रात के बारह बज चुके थे फिर भी उसने सक्सेना जी का नंबर लगाया लेकिन नंबर अभी भी स्विच ऑफ जा रहा था, वैसे ऐसा कभी हुआ नहीं था | उसे लगा कि शायद उन्होंने नंबर बदल लिया होगा दूसरे शहर जा कर, कोई बात नहीं वो उसको मैसेज जरूर करेंगे | यह कहते हुए वो ट्रेन का दरवाजा बंद करके अपनी सीट पर वापस आया, उसने देखा कि अब सिर्फ कंपार्टमेंट में एक सीट बची हुई थी, उसने मन ही मन कहा, " लगता है सर्दियों में लोग कम सफर करते हैं, वरना लेटना तो दूर बैठने के लिए सीट मिलनी मुश्किल हो जाती है, स्लीपर में होने के बावजूद भी, चलो अच्छा है इसी बहाने में आराम से कहानी तो पढ़ पा रहा हूं" |

यह कह कर वो फिर से सीट पर लेट गया और अपना मोड़ा हुआ पन्ना सही करने लगा और उस पन्ने को पलट कर आगे की कहानी पढ़ने लगा जहां से शुरू होने वाली थी अब चौथे शक्स की कहानी जो थी मुंबई शहर में रहने वाले रणबीर की |

रणबीर...... उसके बारे में बस इतना कहना काफी होगा कि किसी राजा से

कम नहीं है, सत्ताइस साल का नौजवान जिसका चेहरा किसी राजकुमार की तरह और जिस्म किसी फौलाद के जैसा था, ऐसी कोई लड़की नहीं जो रणबीर को देख कर आंहें ना भरती, वह जहां जाता वहां अपना काम बनाकर ही आता था, उसे हारने की आदत तो बिल्कुल भी नहीं थी, पता नहीं कितनी कंपनियों का मालिक, बेशुमार दौलत और इतना नाम, मानो लक्ष्मी साक्षात उसके पास रहती हो, इतनी कम उम्र इतना पैसा और नाम कमाना हर किसी को सपने सा लगता था लेकिन उसने ये सपना सच कर दिखाया था |

यूं तो सब कुछ था रणबीर के पास, बस एक चीज की कमी है, जो है एक पत्नी की, और अब रणवीर को बस उसी की तलाश थी |

इतनी ढेर सारी कंपनियों का मालिक होने के बावजूद भी रणबीर का दिल बहुत बड़ा था, अगर उससे कोई भी मदद मांग रहा था तो उसकी मदद कर देता था और इसी कारण से उसके कंपनियों के लोग भी उससे खुश रहते थे |

रणवीर को एक ऐसी लड़की की तलाश थी जो किसी फिल्म की हीरोइन की तरह सीधी साधी भोली भाली उसकी लाइफ में एंट्री मारे और उसे देखते ही रणबीर के दिल में सितार बजने लगे, उसे मतलब नहीं था लड़की पैसे वाली हो या गरीब, जात धर्म कोई भी हो, बस उसके दिल से उस लड़की को देखकर एक ही आवाज आये " हां... बस तुम ही तो हो" लेकिन मजाल जो ऐसी लड़की मिलती, ऑफिस में लड़कियां बातें करतीं कि कितनी खुश किस्मत होगी वो लड़की जो रणवीर सर से शादी करेगी

| इस पर कुछ लड़के उन लड़कियों को चिढाकर कहते, “ अब बस भी करो.... रणवीर सर को देखा है उनकी पर्सनेलिटी हीरो से भी अच्छी है तो जाहिर सी बात है हीरो को हीरोइन ही पसंद आएगी और तुम लोग ना रणवीर सर के सपने देखना छोड़ दो, अरे कभी हमारे भी सपने देख लिया करो” |

यह सुनकर वह लड़कियां चिढ जातीं और कहतीं, “ अपनी शक्ल जरा आईने में देखो जाकर और ज्यादा बनेगा तो रणवीर सर को बता देंगे जाकर, बडे आये इनके बारे में सोचो...हुह्हह्ह...” |

बस ऐसे ही हंसी मजाक करते करते उसकी कंपनी में सब लोग काम करते | सब कुछ अच्छे से हो रहा था और फिर एक दिन रणबीर के पास उसकी दिल्ली की एक कंपनी से मैनेजर मल्होत्रा का फोन आया |

उन्होंने फोन उठाते ही कहा, “ हेलो सर, गुड आफ्टरनून, सॉरी सर आपको डिस्टर्ब कर रहा हूं लेकिन क्या करूं आपके बिना यह काम हो भी तो नहीं सकता” |

रणबीर ने मुस्कुराते हुए कहा, “ मल्होत्रा जी, जब आपको मैंने वहां का सारा चार्ज दे रखा है तो फिर आप ऐसी बातें क्यों करते हैं? बताइए क्या बात है”?

मल्होत्रा ने कहा, “ दरअसल आपने जो फीमेल वकेंसी निकलवाई थी उसके लिये मैंने कुछ इंटरव्यू क्लियर किए थे, बहुत कैंडीडेट्स थीं, जिनमे से मैनें पांच लड़कियों को चुना है, आप भी अगर उनके इंटरव्यू की क्लिप देख लेते तो सही रहता” |

रणबीर ने हंसते हुए कहा, “ लेकिन इसकी क्या जरूरत? जब आपने सेलेक्ट कर लिया तो फिर मैं इसमें क्या देखूं”?

मल्होत्रा ने धीरे से कहा, “ अरे सर वह तो बात ठीक है लेकिन आप ही उनकी सैलरी देंगे, तो यह जरूरी है कि आप को भी पता होना चाहिए कि आपकी कंपनी में कौन काम कर रहा है और उसे कितनी सैलरी देनी चाहिए, प्लीज सर, एक बार नजर डाल लीजियेगा” |

मल्होत्रा बडे थे इसलिए रणवीर उनकी बात मान गया और बोला, “ अच्छा ठीक है, आप मुझे सिलेक्टेड कैंडिडेट की क्लिप भेज दीजिए, मैं देख कर आपको बताता हूं” |

मल्होत्रा ने फटाफट उसे उन पांच सिलेक्टेड कैंडीडेट्स की इंटरव्यु क्लिप भेज दीं |

रणबीर ने जैसे ही क्लिप्स देखीं तो उसे देखता ही रह गया | उसने तुरंत ही मल्होत्रा को फोन किया और कहा, " यह जो आपने लास्ट क्लिप हैं सीमा नाम की इन्हें फाइनल कर दीजिए, बाकी आपको अगर और किसी को लगाना है तो आप लगा सकते हैं" |

मल्होत्रा ने हां में हां मिलाते हुये फोन रख दिया | रणबीर बार-बार सीमा का वीडियो देखने लगा | उसके चेहरे पर कितनी सादगी थी और बातों में साफ साफ उसकी होशियारी झलक रही थी, उसे देखते ही रणवीर के मुंह से निकला " यही तो है वो लड़की" |

सीमा को जल्द ही नहीं नौकरी मिल गई और वह ऑफिस आने लगी, अब रणबीर का दिल सीमा से मिलने के लिए बेचैन हो उठा |

8

प्यार की शुरुआत

रणवीर सीमा से मिलने के लिये कुछ ही दिनों के अन्दर दिल्ली आया और किसी को शक ना हो इसलिए उसने एक मीटिंग रखी, फिर नई होने के कारण मल्होत्रा ने सीमा को भी उसके बॉस से मिलने के लिए केबिन में भेजा | सीमा को देखते ही रणबीर के दिल में गिटार बजने लगी और वह सोचने लगा कि " नहीं नहीं यह कुछ ज्यादा ही जल्दी होगी, बेशक मुझे सीमा पसंद है लेकिन मैं इससे पैसों के दम पर नहीं, प्यार के दम पर शादी करना चाहूंगा, जब तक यह मुझे पसंद नहीं करती तब तक क्या फायदा" |

वो यह सब सोच ही रहा था कि तभी सीमा ने कहा, " सर.... आर यू ओके"?

रणबीर ने हिचकिचाते हुये कहा, " ओ... यस... यस.. बिल्कुल, तो कहिये सीमा जी कैसा लग रहा है आपको कंपनी में काम करते हुए"?

सीमा ने मुस्कुराते हुए कहा, “ सर सच कहूं तो मुझे इस कंपनी में आकर बिल्कुल डर नहीं लगा, ऐसा लगता है जैसे मैं किसी परिवार में काम कर रही हूं, यहां के सब लोग अच्छे हैं, बस एक ही डर था जो आज दूर हो गया” |

रणबीर ने बड़े आश्चर्य से कहा, “ डर...?? कैसा डर?? खुल कर बताएंगी”?

सीमा ने मुस्कुराते हुये कहा, “ सर, अब उसकी कोई जरूरत नहीं है, फिलहाल मैं ये फाईल लाई थी, अभी इस प्रोजेक्ट पर काम चल रहा है, अच्छा होगा अगर आप इसे एक बार देख लीजिए” |

सीमा की यह बात रणबीर को और ज्यादा भा गई कि सीमा अपने काम को इतना ज्यादा तवज्जो देती है उसने फटाफट फाइल देखी और सीमा से कहा, “ एक्सीलेंट काफी टैलेंटेड लगती हो, अच्छा लगा तुमसे मिलकर, अब तुम जा सकती हो” |

सीमा उठकर चलने लगी, रणबीर का मन बार-बार उसे बैठने के लिए कहना चाह रहा था लेकिन क्या करता यह पहली मुलाकात थी और आखिरकार वह बॉस था | सीमा ने दो कदम चल कर पीछे मुड़कर देखा और कहा, “ थैंक यू सर, नाइस टू मीट यू, और अगर आप बुरा न माने तो एसी थोडा कम पे चलाया करिये वर्ना इसका इम्युनिटी पे बहुत बुरा असर पडता है” |

उसके कहने के अंदाज़ से रणवीर को भी लगा कि जैसे सीमा को भी वो पसंद आया है, अब क्या था अब तो रणवीर के मन में शहनाई बजने लगी थी |

उसके बाहर जाते ही वो येस....येस....कहकर खुश होने लगा |

रणबीर दो दिन दिल्ली में रुक कर वापस मुंबई चला आया और वह अक्सर काम के सिलसिले का बहाना करके सीमा को मेल करता रहता, धीरे धीरे मेल से दोनों फोन पर बातें करने लगे, अब सीमा भी उससे हर तरह की बातें कर लेती | अब रणबीर को लगने लगा था कि सीमा भी उससे प्यार करती है | ऐसा करते करते कई महीने बीत गये और फिर एक दिन रणबीर ने सोचा कि वह आज सीमा से अपने प्यार का इजहार जरूर करेगा |

रणबीर को सीमा का जवाब पता था लेकिन फिर भी वो साफ साफ कहना चाहता था और उसने कह दिया, सीम भी उसे मना नहीं कर पाई, उसे तो यकीन ही नहीं हुआ कि इतना बड़ा आदमी एक दिन उसे शादी के लिये प्रपोज करेगा, उसे लगा था कि वो उससे सिर्फ ऐसे ही बात करता है |

दोनों एक दूसरे को जी जान से चाहने लगे, जिंदगी जैसे खुलकर मेहरबान थी रणबीर और सीमा पर, उनका एक दूसरे के बिना अब एक पल भी नहीं कट पाता | रणबीर ने कई बार सीमा को कहा कि तुम हमारी मुंबई आ

जाओ, साथ मे रहो लेकिन सीमा ने साफ साफ मना कर दिया कि शादी से पहले मैं अपने घर को छोड़कर वहां नहीं आ सकती, यह बात रणवीर को और ज्यादा पसंद आई कि सीमा अपनी संस्कारों को भी पूरा पूरा भाव देती है और वो मुझसे प्यार करती है मेरी दौलत से नहीं इसलिये उसने सीमा को सिर्फ घूमने फिरने के लिये मुंबई बुलाया और सीमा उसकी ये बात टाल ना सकी | दोनों ने अब शादी करने का मन बना लिया था बस दोनों के परिवारों की हां का इंत्ज़ार था, उन्होने मिलकर पूरा शहर घूमा |

उनकी जोड़ी देखकर हर कोई आश्चर्य में पड़ जाता, लंबा कद सुंदर चेहरा मानो राम और सीता की जोड़ी हो, सर्वगुण संपन्न, दो दिन बाद सीमा दिल्ली वापिस आ गई और दोनों अपनी आने वाली जिंदगी के सपने सजाने लगे |

" चाय...., चाय....., सर पी के देखिए, दिल की बात कहनी हो तो पीजिये ये स्पेशल चाय, पीते ही दिल की बात जुबां पर आए......" | इस चाय चाय की कर्कस आवाज से श्रवण का ध्यान टूटा तभी चाय वाले ने और यात्रियों को चाय देते हुये फिर कहा, " सारी सर्दी दूर हो जाएगी सर, दूं क्या आपको भी एक"?

श्रवण ने खिडकी के शीशे से बाहर देखा तो उसे पता चला कि सुबह हो गई | उसने एक कप चाय ली और चाय की चुस्कियों के साथ फिर शीशे से बाहर देखने लगा, ट्रेन किसी स्टेशन पर रुकी हुई थी, श्रवण को थोड़ी सी भूख का एहसास हो रहा था तभी ट्रेन के अन्दर तेजी से एक समोसे वाला गरमा गरम समोसे उसके पास से ले जाते हुए निकला जो बस यही कहे

जा रहा था, " गरमा गरम समोसे.... गरमा गरम समोसे खाइए और भूख दूर बताइए, एक बार खाएंगे तो साहब जी बार-बार इस ट्रेन में आएंगे" |

उसकी बातें सुनकर श्रवण ने हंसते हुये उससे दो समोसे लिए और चाय की चुस्कियां के साथ समोसे खाने लगा वह अभी समोसे खा ही रहा था की एक मोटा सा आदमी उसके पास आया और बोला, " अपना खाना-पीना बाद में करना और यहां से हटो, यह हमारी सीट है, उसकी बात सुनकर श्रवण को गुस्सा आ गया और वो बोला, " अरे अरे कैसे बात कर रहे हो, यह मेरी सीट है और मेरे पास इसका टिकट है, अपनी टिकट सही से देखो" |

इस पर वह मोटा आदमी चिल्लाते हुए बोला, " अरे... अरे... ऐसे ऐंठ किस पर रहा है, एक मारूंगा ना तो सीधा ट्रेन के बाहर दिखेगा, अब फटाफट हट जा यहां से" |

श्रवण को अब और ज्यादा गुस्सा आ रहा था उसने कहा, " देखिए मैं कोई झगड़ा नहीं चाहता, मेरा मूड बिल्कुल अच्छा है, पहले अपना टिकट दिखाइए" |

उस आदमी ने ताव दिखाते हुये कहा, " अबे तेरे को क्या लगता है कि मैं बिना टिकट के चढा हूं" |

उसने अपनी जेब से टिकट निकाला और उसे दिखाते हुये कहा, " ले देख, आंखें फाडकर देख इसे" |

जब उसने टिकट देखा तो गुस्से मे कहा, " आंखें फाडकर मुझे नही तुम्हे देखने की जरूरत है, खुद तो दूसरे कंपार्टमेंट में घुस आया, चला है मुझे सीट से हटाने" |

ये सुनकर वो आदमी घबरा गया और उसने बार बार टिकट उलट पलट के देखी और बोला, " ओहो....ये क्या हो गया, अब तो ट्रेन भी चल चुकी है" |

श्रवण ने उससे कहा, " अब अगला स्टेशन आए तो उतरकर सही डिब्बे में जाना जब तक टॉयलेट के पास तुम्हारे लिए सीट खाली है" |

वो मोटा आदमी उसकी बातों से शर्मा गया और कुछ ना बोल सका, ट्रेन अब अपनी रफ्तार पकड चुकी थी इसलिये वो जाकर टॉयलेट के पास बैठ गया जाकर | श्रवण शीशे से बाहर देख रहा था, सब कुछ जल्दी-जल्दी पीछे छूटा जा रहा था और ट्रेन आगे की ओर बढ़ती जा रही थी, कुछ ऐसी उसकी जिंदगी भी थी, जिन्दगी तो आगे बढती जा रही थी लेकिन सब कुछ पीछे छूटता जा रहा था लेकिन फिर भी उसे अजीब सी खुशी हो रही थी | कहानी पढ़ते पढ़ते उसे एक अच्छा एहसास हो रहा था, उसे ऐसा लग रहा था जैसे वह कहानी के सभी पात्रों को जानता है, रणबीर और सीमा की कहानी की तरह उसकी भी तो प्रेम कहानी थी |

9

अतीत का डर

श्रवण किताब को बन्द करके अपने बीते समय मे खो जाता है, जब पडोस की ही एक लड़की से उसे प्यार हो गया था, मीरा.... जैसा उसका नाम था, बिल्कुल वैसी ही तो थी वह, मीरा कितनी शांत, सीधी साधी अपने श्याम के प्यार में दीवानी सी | वो दोनों अक्सर बेंगलुरु में मिला करते, सब कुछ धीरे धीरे ठीक सा होने लगा था, श्रवण को बेंगलुरु में एक छोटी सी नौकरी मिल गई थी, उसके पापा को लगने लगा था कि नकारा लड़के को कोई तो काम मिला लेकिन उसे तो शायद अभी बहुत कुछ देखना बाकी था इसलिए तो उसे मीरा से प्यार हो गया |

दोनों धीरे-धीरे अपने आने वाले कल की तस्वीरें बना कर सजाने लगे लेकिन कहते हैं प्यार की खबर बड़ी तेजी से फैलती है, सो यहां भी यही हुआ, श्रवणके मां बाप को भी पता चल गया | मीरा के मां बाप थोड़े ऊंचे खयालात के थे इसीलिये जब उन्हे ये बात पता चली तो उन्होंने कहा " हमें कोई परेशानी नहीं है, अगर दोनों शादी करना चाहते हैं, वैसे भी आखिर जिन्दगी इन्ही दोनों को साथ गुजारनी है, हम नही चाहते कि हमारी बेटी का हाल पडोस की माला की तरह हो, जबरदस्ती शादी करा तो दी गई लेकिन देखो आज क्या हाल हुआ है उसका, प्रेमी को भूल नही

पाई और पती को चाह नही पाई इसलिये दोनों का तलाक हो गया, और वैसे श्रवण जैसा लडका हमे कहां मिलेगा लेकिन हम इतना दहेज.....” | ये कहकर वो खामोश हो गये|

उधर श्रवण के मां बाप गुस्से से लाल हो गये उनको परेशानी थी, उनका कहना था कि वो अपने बेटे की शादी दूसरी जाति की लड़की के साथ करें ऐसा उनके परिवार में कभी नहीं हुआ था लेकिन प्यार तो अंधा होता है, यह कहां देखता है की जिसे प्यार किया जा रहा है वह काला है गोरा है या अमीर और गरीब है, ये ना तो जाति – धर्म देखता है, यह तो बस जिससे होना होता है हो जाता है” | श्रवण को भी हो गया |

एक रात जब वो अपने ऑफिस से घर आया तो हमेशा की तरह पापा ने गुस्से मे कहा, “ शक तो तुझ पर बहुत पहले से ही था कि तू एक दिन मेरा नाम डूबाएगा लेकिन अब यकीन हो गया” |

वो कुछ समझ नहीं पाया और बोला, “ क...क... क्या मतलब है पापा आपका”?

इस पर उसकी मां ने कहा, “ बेटा कुछ भी छुपाने की जरूरत नहीं है, हम लोगों को सब कुछ पता चल गया है कि तुम मीरा से प्यार करते हो, उसी के साथ घूमते फिरते हो, तुम्हें अपने फ्यूचर की, अपने परिवार की कोई भी चिंता नहीं है, तुम्हें कभी सोचा है कि हमारा सिर्फ तुम ही एक सहारा हो” |

अपनी मां से ये सब बातें सुनकर वो हिचकिचाते हुए बोला, " माँ.... आप यह सब क्यों कह रही हैं, मैंने ऐसा कुछ नहीं किया जिससे आप लोगों को यह सोचना पड़ जाए कि मैं ही आपका एकमात्र सहारा हूं, मैने मीरा को चाहा है आप लोगों को छोडा नही, मैं हर हाल में आप लोगों के साथ हूं और मुझे भी ऐसा ही लगता है कि आप लोग भी...." |

श्रवण की बात पूरी होती कि इस से पहले उसके पापा ने कहा, " गलत लगता है तुझे हरामखो, बिल्कुल गलत, हम तेरे इस पाखंड में तेरे साथ नहीं हैं, देख वैसे भी तूने हमें नीचा दिखाने में कोई कसर नहीं छोड़ी अब जैसे तैसे नौकरी लग गई है, इसे कायदे से कर और कुछ और अच्छा बन कर दिखा, और रही बात शादी की तो हम तेरी शादी अपने बिरादरी वालों से कराएंगे और उस मीरा की शक्ल देखी है, अरे हम तेरे लिए राजकुमारी ढूंढने की सोच रहे हैं और तू........ तुझे वह बंदरिया पसंद आई है, बेवकूफ..." |

ये सुनकर उसे भी गुस्सा आ गया और उसने कहा, " पापा......उसे बंदरिया तो मत कहिए" |

श्रवण के पापा ने गुस्से में अपनी पत्नी को घूरते हुये कहा, "देखा.......इसके मुंह मे अब जुबान भी आ गई है, चार दिन में ये हाल हैं इसके तो आगे क्या होगा" |

श्रवण ने जीवन में पहली बार पापा से इस तरह बात की थी, उसके यह कहते ही पापा भी अपने गुस्से पर अपना आपा खो बैठे और उन्होने उसके एक जोरदार तमाचा मार दिया और बोले, " अगर तुझे उस मीरा से शादी करनी है तो भूल जा हम तेरे मां बाप हैं" | यह कहकर उन्होंने धड़ाम से दरवाजा बंद कर लिया और बाहर चले गए | श्रवण लेटे लेटे बहुत देर तक रोता रहा और यही सोचता रहा कि आखिर उसकी गलती क्या है और यही सोचते सोचते न जाने कब उसकी आंख लग गई |

कुछ देर बाद कुछ गिरने की आवाज से उसकी आंख खुली तो उसने देखा कि वह तो ट्रेन में सफर कर रहा था | वो यादों के इस गुबार से जब समझ निकला तो देखा उसके सीने पर रखी किताब नीचे फर्श पर गिरी हुई थी, उसने सीट से उतर कर जल्दी से किताब उठाई और उसको सीने से लगाकर खुद से बोला,

" कितनी अच्छी हो तुम, तुमने आज मेरा खोया हुआ प्यार याद दिला दिया, फिलहाल कुछ भी हो आगे पढ़ता हूं देखता हूं आखिर इन सब की जिंदगी में आगे क्या होगा"?

यही कहकर वह फिर अपनी सीट पर लेट गया और बाहर देखने लगा | बाहर हल्की धूप कोहरे को चीरती हुई जमीन पर पड रही थी, लोग अपने खेतों मे काम कर रहे थे और ट्रेन बड़ी तेज रफ्तार से आगे बढ़ती जा रही थी | श्रवण किताब के पन्ने पलटकर आगे की कहानी पढने लगा |

मदन दिल्ली पंहुचकर नौकरी ढूंढने लगता है लेकिन कई दिनों तक नौकरी न मिलने पर वह बहुत परेशान हो जाता है और सोचने लगता है कि क्या शहर में भी उसको मजदूरी करनी पड़ेगी, पढ़ा-लिखा होने के बावजूद भी वह दर-दर भटकता रहा लेकिन ना तो उसके पास किसी का सोर्स था और ना ही कोई बहुत ज्यादा लिखाई पढ़ाई इस वजह से हर कोई उसे नौकरी देने से मना कर देता |

उसका पूरा हफ्ता नौकरी ढूंढने में निकल गया लेकिन उसने अपने गांव के एक दोस्त के फोन पर यह बता दिया कि वो उसके घर में जाकर उसकी बहन और पिताजी से बता दे कि उसको नौकरी मिल गई है उनको परेशान होने की कोई जरूरत नहीं है |

बापू और जानकी भी अब खुश थे कि मदन को नौकरी मिल गई है, अब उनके बुरे दिन आसानी से कट जाएंगे लेकिन मदन का धीरे-धीरे दूसरा हफ्ता भी नौकरी की तलाश में गुजरा जा रहा था | मदन अंदर से टूट चुका था, उसे बस एक ही बात की चिंता खाए जा रही थी कि अगर उसे नौकरी नहीं मिली तो घर पर क्या मुंह लेकर जाएगा और तो और उसने तो झूठ बोलकर अपनी छोटी बहन को दिलासा भी दे दिया था और अगर मजदूरी ही करनी थी तो फिर वो शहर आया ही क्युं ये तो वो वहीं कर सकता था |

10

गुपचुप प्यार

एक दिन मदन बहुत परेशान होकर किसी पार्क में बैठा था, बहुत तेज धूप थी और मदन भूखा प्यासा अपनी बेबसी पर अंदर ही अंदर रो रहा था तभी पार्क में बैठे एक गार्ड ने उसकी तरफ देखा और कहा,

" क्या बात है दोस्त? बड़े परेशान लग रहे हो, सब ठीक तो है ना"?

यह सुनते ही मदन अपने भरे हुए गले से बोला, " नहीं भैया कुछ ठीक नहीं है" |

उस गार्ड को मदन पर दया आ गई और बोला, " क्या हुआ भैया? कुछ बताओगे"?

मदन ने लगभग रोते हुये कहा, " पन्द्रह दिन होने को हैं नौकरी की तलाश में हूं, जो कुछ घर से जोड़ बीन कर लाया था अब तो वह भी खत्म

हो गया, दुख इस बात का नहीं कि अब मैं क्या खाऊंगा और कहां रहूंगा, परेशानी इस बात की है कि घर वालों को क्या बताऊंगा"?

गार्ड ने उसको दिलासा देते हुए कहा, " ओह.....देखो तुम ऐसे परेशान न हो, ये सब समय का फेर है, जब समय होगा तो तुम्हे नौकरी भी मिल जायेगी, अच्छा यह बताओ कितना पढ़े हो तुम"?

मदन ने कहा, " बारहवीं तक पढ़ा हूं" |

गार्ड ने कहा, " क्या मेरी तरह गार्ड का काम कर सकते हो" ?

यह सुनकर मदन की आंखों में चमक आ गई, उसने उस गार्ड के हांथ पकड़ कर कहा, " भैया कोई भी काम कर सकता हूं, बस मुझे नौकरी मिल जाए" |

गार्ड ने उसको दिलासा देते हुये कहा, " अच्छा, तब तो ठीक है तुम ऐसा करो मेरे साथ चलो, मेरे बॉस बड़े भले आदमी हैं वह मना नहीं करेंगे और वैसे भी उन्हे एक गार्ड की जरूरत थी, अब देखते हैं तुम्हारी किस्मत में क्या लिखा है, अगर कोई नया गार्ड अब तक नहीं आया होगा तो यह नौकरी तुम्हे पक्का मिल जाएगी और अगर आ गया होगा तो कोई बात नहीं, आज नही तो कल नौकरी तो तुम्हें मिल ही जाएगी, तुम परेशान ना हो" |

यह कहकर वह मदन को अपने साथ अपनी कंपनी में ले गया और अपने मालिक को सारी बात बताई मालिक ने मदन के ऊपर एक नजर डाली और उसके पेपर देखकर बातचीत की जिससे उन्हें लगा कि वो उस नौकरी के लिये सही है इसलिए उन्होंने उसको एक गार्ड की नौकरी देने के लिये हां कर दी | अगले दिन उसे साउथ दिल्ली की एक पौश कॉलोनी साकेत में बने बैंक एटीएम में गार्ड की ड्यूटी करने के लिये भेज दिया जाता है, क्या करता मजबूरी सब करा देती है, लेकिन वो इस एरिया में आके बहुत खुश था और वैसे भी एटीएम की नौकरी भी उसे बढिया लगी |

आज जब उसने अपने दोस्त के यहां फोन किया और बहन से बात की तो जानकी की खुशी का ठिकाना नहीं रहा, जानकी उससे शिकायत करते हुये बोली, “ क्या भैया, आपने तो जब से गए हो तब से फोन ही नहीं किया, आपसे बात करने को तरस गई, वो आपका दोस्त ही आकर आपका हाल बता जाता था” |

जानकी की बात सुनकर मदन ने हंसते हुये कहा, “ अरे छोटी... क्या करूं अभी तक कुछ काम में व्यस्त था इसलिए नहीं कर पाया लेकिन अब तू चिंता मत कर, धीरे-धीरे मैं सब ठीक कर दूंगा और पिताजी से कहना अपनी दवाई समय पर खाते रहें और तू भी खूब खाती पीती रहना” |

यह कहकर उसने फोन रख दिया | मदन के दोस्त रतन ने कहा, “ काहे

जानकी.... अब तो खुश हो ना, तुम्हारा भाई तो अब शहर में नौकरी करने लगा, आने दो मदन को कहूंगा यार, जरा शहर से हमारे लिए भी कुछ ले आना आखिरकार तुम लोगों की बात जो करवाता हूं" |

जानकी हंसती हुई बोली, " हां हां काहे नहीं, मैं भैया से खुद कह दूंगी कि इस रतन के लिये भी कुछ लेते आयें जब आयें, ये हमारी बात करने का किराया मांग रहा था" |

यह सुनकर रतन और जानकी हंसने झगडने लगते हैं और पिताजी भी ये देख बडा खुश होते हैं कि उनके घर में अब खुशी का माहोल है और अब जानकी की शादी का इंतजाम हो जाएगा |

खींचतान के मदन थोड़ी बचत कर लेता और गांव पैसे भिजवा देता लेकिन जरूरतों के पंख भी बढ़ने लगे थे फिर भी एक संतोष था कि अब वह खाली हाथ नहीं, मदन मन लगाकर ड्यूटी करता और अपनी बहन और पिता जी को याद करता रहता |

इधर रुद्र और हर्ष भी खूब मेहनत करके दोनों ने जो भी पैसा बचाया था, उसका एक आलीशान फ्लैट लेने की सोचते हैं क्योंकि दोनों के मकान बहुत पहले के बने होते हैं और वैसे भी दोनों को रहना तो हमेशा साथ ही था, अच्छी नौकरी होने के कारण पैसे की भी अब कोई दिक्कत नही थी तो दोनों एक पॉश कॉलोनी में एक बड़ा सा फ्लैट ले लेते हैं जिसमें दो परिवार आराम से रह सकें और दोनों अपने पुराने घर बेच देते हैं ताकि

दोनों साथ रह सकें, शादी से पहले भी और शादी के बाद भी |

रुद्र और हर्ष दोनों रणबीर की कंपनी में ही काम करते थे, दोनों को काफी समय हो गया था इस कंपनी में काम करते करते इसलिए दोनों एक अच्छे एंप्लॉय की कैटिगरी में आते थे | दोनों जब भी सीमा को देखते तो कहते, " काश......यार इसकी कोई बहन होती" |

एक दिन रुद्र ने सीमा के पास जाकर कहा, " अच्छा सीमा... यह बताओ, तुम्हारी शादी वादी कहीं फिक्स हुई क्या"?

इस पर सीमा ने हंसते हुए कहा, " क्यों भला? तुम्हें मेरी शादी की क्यों फिक्र है"?

रुद्र ने हिचकिचाते हुये कहा, " मतलब..... मेरा....., मेरा वह मतलब नहीं था, मैं तो बस यह पूछ रहा था कि तुम्हारी कोई बहन है या नहीं है" ?

सीमा ने गुस्साते हुये कहा, " क्यों?? अब मेरी बहन से तुम्हे क्या मतलब"?

यह सुनकर रुद्र घबरा जाता है और हर्ष हंसते हुए बोलता है, " अरे सीमा, इसका मतलब वह नहीं है जो तुम समझ रही हो, यह तो पागल है जो

मर्जी आए बोलता है, मैं बताता हूं ये क्या कहना चाहता है, अब देखो, तुम तो इतनी सुंदर हो कि पूरा ऑफिस तुम्हें पसंद करता है, मुझे नही लगता कि कोई लडका ऐसा होगा जो तुम्हारे सपने नही देखता हो, अब ये सीधा तो तुमसे कुछ कह नही सकता क्युंकि ये खुद को तुम्हारे लायक नही समझता ना और इसके कहने का मतलब है, तुम्हारी कोई बहन वहन होती तो शायद यह उससे शादी की बात करता" |

हर्ष की बात सुनकर रुद्र उसे घूर कर देखने लगा मानो अभी के अभी वो हर्ष को खा जायेगा लेकिन हर्ष के मुंह से अपनी इतनी तारीफ सुनकर सीमा खुश हो गई और हंसते हुए बोली,

" नहीं... नहीं.... मेरी कोई बहन नहीं है और वैसे भी होगी तो तुम दोनों से मैं उसकी शादी नहीं करूंगी" |

ये सुनकर रुद्र और हर्ष एक दूसरे को देखने लगते हैं |

सीमा कहती है, " अरे तुम दोनों के साथ कौन करेगा शादी? मुझे तो कभी-कभी लगता है तुम दोनों एक ही लड़की से कहीं शादी ना कर लो, क्योंकि तुम दोनों को तो अलग करना मुश्किल है, तो अच्छा होगा कि ऐसी लडकी ढूंढ लो जो तुम दोनों से शादी कर ले" |

रुद्र ने हंसते हुये कहा, " बात तो तुम एक दम ठीक कह रही हो, खैर हमारी शादी की छोड़ो बताओ, अपनी बताओ आजकल कुछ तो गड़बड़ है, तुम्हारे चेहरे की चमक ऑफिस में आने से पहले तो ऐसी नहीं थी, पक्का तुम्हारा कहीं ना कहीं तो चल रहा है" |

रुद्र की बात सुनकर सीमा चकरा जाती है और कहती है, " ऐसा है... अपने काम से काम रखो, यह मेरी लाइफ है, मैं किसी से भी कोई चक्कर चलाऊं समझे" | वो ये कहकर चली जाती है और अपना काम करते करते सोचने लगती है कि कहीं इन दोनों को उसके और रणबीर के रिश्ते के बारे में पता तो नही लग गया |

रुद्र और हर्ष सीमा को जलाकर मुस्कुराते हुए चले जाते हैं , रुद्र गुस्से मे हर्ष से कहता है कि, " एक बात बताओ मैने तुमसे कब कहा कि मै उस नकचढी के सपने देखता हूं, या उसकी बहन से शादी करना चाहता हूं, मतलब कुछ भी बोल दोगे और मेरी इज्जत का फालूदा बनाकर खाओगे, बहुत बोल रहे थे उसके आगे" |

हर्ष ने हंसते हुये कहा, " अरे मैने तो तुम्हे उससे बचाने के लिये ये सब कह दिया वर्ना देख रहे थे ना कि वो कैसे तुम्हे घूर रही थी, और देखा नही तुमने उसकी तारीफ क्या कर दी, वो तो गोल्गप्पा बन गई" |

ये कहकर दोनों जोर जोर से हंसने लगे |

अभी तक ऑफिस में किसी को भी पता नहीं था कि सीमा और रणबीर दोनों एक दूसरे को प्यार करते हैं और जल्द ही शादी के बन्धन में बंधने

वाले हैं |

11

नया घर और पार्टी

हर्ष और रुद्र ने आलीशान फ्लैट लेने की खुशी में घर पर पार्टी रखी जिसमें उन्होने खास दोस्तों और ऑफिस के कुछ लोगो को घर पर पार्टी में बुलाया, उन्हें पता होता है कि रणबीर सर तो आने वाले नहीं हैं, वो भला इतनी छोटी सी पार्टी में क्यों आएंगे लेकिन फिर भी दोनों उनको मैसेज करके बता देते हैं और रणबीर भी उन्हें खुशी खुशी कांग्रेचुलेशन का मैसेज कर देता है, इन दोनों के लिए इतना ही काफी था |

आज रुद्र और हर्ष के यहां एक बड़ी सी पार्टी थी, जो कोई उनका फ्लैट देखता वही उनकी पसंद के वाह वाह करता आखिरकार उनका फ्लैट था ही इतना सुंदर | पार्टी में सीमा भी आई |

सबने ने खूब इंजॉय किया और फिर ड्रिंक, डांस देर रात तक चला, धीरे-धीरे करके दोनों के सारे दोस्त वापस जाने लगे और पार्टी खत्म होने लगी, सीमा भी वापस जाती तभी उसका मोबाइल बजा, फोन निकाल कर देखा तो रणवीर का फोन था, किसी को पता ना चले इसलिए वह

बालकनी में जाकर उससे बात करने लगी और बात करते-करते उसको एक घंटा हो गया, उसे पता ही नहीं चला, तब तक सारे दोस्त जा चुके थे ।

हर्ष और रुद्र इतने नशे में थे कि उन्हे भी होश ही नहीं था कि अभी सीमा उनकी बालकनी में है, सीमा बालकनी से जब नीचे देख रही थी तो दूर एक आदमी उसे देख रहा था, यह देख कर उसे बड़ा अजीब लगा | अंधेरा होने के कारण वह उसका चेहरा नहीं देख सकी, वो आदमी बाहर इधर-उधर राउंड लगा रहा था, उसे थोड़ी घबराहट हुई और उसने फोन पर कहा, " अच्छा रणवीर मैं तुमसे कल बात करती हूं, अभी मुझे घर जाना है, वैसे भी बहुत देर हो चुकी है, घर वाले राह देख रहे होंगे, सीमा जब बात खत्म करके अंदर आई तो देखा कि सारे लोग जा चुके थे, हर्ष और रुद्र दोनों बेड पर फैले सो रहे थे |

उसने रुद्र से कहा, " रुद्र यार.... तूने बताया भी नहीं सारे लोग चले गए, मैं किसी के साथ भी चली जाती" |

रुद्र ने नशे की हालत में हर्ष को हिलाना शुरू कर दिया और कहा, " यार देख.... मुझे सीमा दिखाई पड़ रही है, क्या तुझे भी दिखाई पड़ रही है"?

हर्ष ने बड़ी मुश्किल से अपनी आंखें खोल कर देखा और कहा, " अरे हां यार....ये सीमा क्यों दिखाई पड़ रही, हम दोनों को कहीं, उससे प्यार तो नहीं हो गया" |

रुद्र ने उसकी हां में हां मिलाते हुए कहा, " हां यार, तू सही कह रहा है, वर्ना नशे की हालत में हमें सीमा क्यों दिखाई पड रही है" |

उन दोनों की बात सुनकर सीमा को गुस्सा आया और उसने दोनों के गाल पर एक साथ थप्पड मारा और चिल्लाकर कहा, " मैं फोन पर बात कर रही थी" |

थप्पड़ पढ़ते ही दोनों का नशा थोड़ा सा कम हुआ और दोनों हडबडाते हुए उठ कर बोले, " तो.....तो.... हमें क्या पता तुम फोन पर बात कर रही हो और वैसे भी तुम्हारा तो कोई लफड़ा ही नहीं है, इतनी रात में फोन कहां से कर रही थी" |

ये सुनकर सीमा का और भी दिमाग खराब हो गया, उसने दोनों की बात काटते हुए कहा, " ओ हेलो....तुम दोनों यह बकवास तो अपनी बंद करो और मुझे नीचे तक छोड़ कर आओ, और नीचे क्यों, बल्कि किसी ऑटो पर बिठा के आओ, अब मेरे पास कार तो थी नहीं तो मैं अपने ड्राइवर को लेकर आती, मुझे तो लगा था किसी से भी लिफ्ट ले लूंगी, कोई भी छोड़ देगा, शिट.... आज मैंने क्या कर दिया" |

रुद्र और हर्ष दोनों एक दूसरे को देखने लगे और नशे में एक दूसरे को इशारा करने लगे कि सीमा को छोड़ने तू जा....तू जा....." |

सीमा को दोनों पर बहुत गुस्सा आ रहा था, उसने फिर गुस्साते हुए कहा, " तुम लोग चल रहे हो या मैं अकेली जाऊं, देखो.... अगर मुझे कुछ हो गया तो मैं तुम दोनों के नाम पे एफ आई आर करवाऊंगी, और दोनों की नौकरी तो समझो....." |

एक आई आर और नौकरी के नाम से वो दोनों डर गए लेकिन वह भी क्या करते, उनसे तो अपने पैरों पर खड़ा भी नहीं हुआ जा रहा था, दोनों एक दूसरे का हाथ पकड़ कर उठे और बोले, " चलो ठीक है, हम तुम्हें छोड़ कर आते हैं" लेकिन दोनों उठकर खड़े हुए और धड़ाम से गिर पड़े |

सीमा करती भी क्या? आखिरकार उनको कुछ कह भी नहीं सकती थी क्योंकि दोनों बुरी तरह से नशे में थे | सीमा ने जल्दी से अपना पर्स और मोबाइल उठाया और वहां से निकल गई | बाहर आते ही वह उस आदमी को ढूंढने लगी जो यहां वहां चक्कर काट रहा था | उसे लगा कि वह आदमी शायद चला गया | उसने थोड़ी सी राहत की सांस ली और तेज कदमों से चलने लगी तभी अचानक वह आदमी उसके सामने आ गया जिसके चेहरे पर अंधेरा था, वह कुछ कहता कि इससे पहले सीमा बोली, " देखो खबरदार जो मेरा रास्ता रोका, मेरे रास्ते से हट जाओ और मुझे जाने दो" |

उस आदमी ने कहा, " मैडम घबराइए मत, मैं कोई चोर हुचक्का नही एक गार्ड हूं, मैं तो यहीं ये सामने वाले एटीएम में काम करता हूं, खाना खाया था, तो चल रहा था और वैसे भी रात में नींद आ जाती इसलिए मैं

थोड़ा बीच-बीच में टहलते रहता हूं, आप को अकेला जाते देखा तो सोचा आपकी मदद कर दूं क्योंकि इतने अंधेरे में जाना ठीक नहीं है, वैसे समय भी ज्यादा हो गया है" |

यह सुनकर सीमा को थोड़ा सा सुकून हुआ, वह आदमी जब रोशनी में आया तो उसका चेहरा देखकर सीमा को मुस्कुरा दी और उसे थोड़ा और सुकून मिला क्योंकि वह कोई और नहीं मदन ही था | उसका चेहरा देखकर कोई भी यह यकीन कर लेता है कि वह सीधा-साधा मासूम आदमी है | मदन बिना कुछ बोले आगे आगे जाने लगा और सीमा उसके पीछे पीछे | दोनों चलते चलते मेन रोड पर आए | मदन एक ऑटो वाले को रोककर सीमा को बिठाते हुए बोला, " गुड नाईट मैडम, आराम से जाइये" | सीमा भी बिना कुछ बोले ही सीधा घर की ओर चल दी | मदन फिर एटीएम के बाहर कुर्सी पर आकर बैठ गया और मन ही मन बोला शहर की रीत भी अजीब है पहले तो लोग पार्टियां करेंगे और फिर देर रात में घर से निकलते हुए डरेंगे ।

12

मुलाक़ात

रुद्र और हर्ष दोनों फर्श पर ही पूरी रात पड़े रहे और जब सुबह दोनों की नींद खुली तो देखा कि वो फर्श पर ही सारी रात पडे रहे | दोनों का सिर भारी था, दोनों उठ कर बेड पर लेट गये लेकिन रुद्र के सर में भयंकर दर्द था |

थोडी देर बाद हर्ष उठा और नहाने चला गया, सिर तो हर्ष का भी भारी था लेकिन इतना नहीं कि वह बेचैन हो, उसने रुद्र को दर्द की गोली दी और कहा, " यह खाकर आराम करो और ये मैनें नींबू पानी बना दिया है थोडी देर बाद पी लेना, और चाहिये हो तो और भी रखा है फ्रिज में, और हां तुम ऑफिस थोड़ा लेट चले आना" |

यह सुनकर रुद्र ने कहा " यार ऑफिस तुम ही , मैं ऑफिस नहीं जा सकता और ना ही मैं यह गोली वोली खाऊंगा, मैं बस ये नींबू पानी पी ले रहा हूं और थोडी देर और लेटा हूं, उसी से मैं ठीक हो जाऊंगा" | रुद्र नींबू पानी पीकर लेट गया और हर्ष नहा धोकर ऑफिस चला गया |

ऑफिस पहुंचते ही जब सीमा ने हर्ष को देखा तो गुस्से से उसने अपना मुंह फेर लिया, हर्ष ने भी मुस्कुराते हुए अपना काम करना शुरू कर दिया | दोपहर में हर्ष ने रुद्र को फोन किया और कहा, " तुम्हारा सिर दर्द ठीक हुआ या नहीं"?

रुद्र ने कहा, " हां बिल्कुल ठीक हो गया, मैं बस लेटा आराम कर रहा हूं" |

हर्ष ने हंसते हुए कहा, " बेटा अब तुम पीना छोड दो, तुम्हारी हर बार यही प्रॉब्लम होती है क्यों इतनी पीते हो, मैं मना करता हूं मत किया करो, जब पचती नही, अच्छा यह बताओ ज्यादा उल्टियां तो नहीं हुई" |

रुद्र ने कहा, " अरे यार ऐसा कुछ भी नहीं हुआ, तुम क्यों परेशान हो रहे हो, तुम काम करो, मुझे सोने दो मुझे नींद आ रही है, और रही बात पचने की तो तुम तो बडे तीस मार खान हो, बाथरूम में नल चलाकर सुबह कौन उल्टी कर रहा था" ?

ये सुनकर हर्ष हंसने लगा और दोनों ने फोन रख दिया |

शाम को जब हर्ष घर आया तो रुद्र उठ कर नहा धो चुका था और खाने के लिए कुछ बना रहा था लेकिन उसका सिर अभी भी भारी था |

हर्ष ने रुद्र से कहा, “ यार तुम ना इतनी मत पिया करो, क्या फायदा पहले पीते हो और फिर दो-तीन दिन तक परेशान रहते हो, आगे से मैं तुम्हें बिल्कुल नहीं पीने दूंगा, सब की कैपेसिटी नहीं होती है पचा पाने की और वैसे भी पीना वीना बच्चों के बस की बात नहीं” |

रुद्र ने उसे अपनी कोहनी मारते हुए कहा, “ अच्छा तुम तो बहुत बड़े टैंक हो रहे हो, बेकार की बातें मत करो, खाना भी तो कितना ऑयली और स्पाइसी था, इसी वजह से हो गया होगा, कोई बात नहीं और मैं बिल्कुल ठीक हूं समझे, और तुम ये सास की तरह लेक्चर देना बन्द करो” |

ये सुनकर हर्ष हंसते हुये बोला, “ हां ...हां... अब तो मै सास हो गया और क्या”?

दोनों बात करते करते खाना बनाने लगे | कुछ देर के बाद हर्ष ने रुद्र से बाहर चलने के लिए कहा, रुद्र ने भी हां कर दिया, यह सोच कर कि बाहर थोड़ा टहल कर आऊंगा तो मूड फ्रेश हो जाएगा |

दोनों घर से बाहर घूमने निकल गए, घर से निकले ही थे कि रुद्र ने अपना पर्स चेक किया तो देखा उसमें बिलकुल भी रुपए नहीं थे, उसने कहा, “ अरे यार....पर्स में तो एक भी रुपए नहीं है, चलो कुछ पैसे निकाल लेता हूं” |

हर्ष ने कहा, " क्या जरूरत है? मेरे पास तो हैं और वैसे भी हमे कौन सा कुछ खरीदना है"?

रुद्र ने मुंह बनाते हुए कहा, " तुम्हारे पास हैं तो क्या हुआ? मेरे पास भी तो होना चाहिए, चलो सामने एटीएम से निकाल लेता हूं" |

उसकी बात सुनकर हर्ष ने कहा, " अब ये तुम्हारे और मेरे रुपये कब से होने लगे" ?

उसकी बात को अनसुना करते हुये रुद्र ने एटीएम से रुपए निकाले, ये वही एटीएम था जहां मदन भी ड्यूटी कर रहा था, दोनों ने पैसे निकाले और मदन की ओर देखा और जाने लगे तभी मदद ने कहा, " सर नया घर मुबारक हो" |

रुद्र और हर्ष ने एक-दूसरे को देखा और हंसने लगे और बोले, "थैंक यू, लेकिन आपको कैसे पता कि हमने नया घर लिया है"?

मदन बोला, "अरे सर पता नहीं होगा, सामने ही तो आपका घर है, वहां शिफ्ट होने से पहले आप सारा सामान यही से ले गये और फिर कल रात भर जो पार्टी चली, उसकी हलचल तो यहां तक थी, बहुत बड़ी पार्टी थी

सर लगता है, सच कहूं तो आप लोगों को खुश देखकर अच्छा लगता है" |

मदन की बात सुनकर दोनों को अच्छा लगा और दोनों में ऐसे ही बातचीत शुरू हो गई तो मदन ने दोनों को अपनी परेशानी बताई और बताया कि वो बारहवीं पास है |

दोनों ने कहा, " यार तुम तो बहुत भले लडके मालूम होते हो, देखो हम तुमसे वादा तो नहीं कर सकते लेकिन हम पूरी कोशिश करेंगे कि तुम्हारी पढ़ाई के हिसाब से तुमको अच्छी नौकरी मिल जाए और तुम अपनी बहन और पिता के लिए पैसे बचा सको" |

मदन दोनों के आगे हाथ जोड़ने लगा और बोला, " अरे सर आपकी बहुत मेहरबानी रहेगी, वैसे भी यहां शहर में मेरा और कौन है, आप लोग मेरी नौकरी लगवा दीजिए तो मेरा भी शहर में कोई अपना हो जाएगा" |

रुद्र ने हंसते हुए कहा, " अब परेशान ना हो, मैं कल ही बात करता हूं, हमारे बॉस बहुत अच्छे हैं बल्कि बॉस तक जाने की जरूरत ही नहीं, तुम्हारी एजुकेशन से हिसाब से तो मैनेजर से कह कर ही करवाने की कोशिश करेंगे" |

हर्ष ने कहा, " देखो तुम दिल छोटा ना करो, कुछ ना कुछ जरूर हो जायेगा" |

उसने अपने ऑफिस का पता दिया और अगले दिन ऑफिस आने को कहा | तीनों थोडी देर तक बात करते रहे और फिर चले गये |

दोनों के जाने के बाद जब मदन ने ऑफिस का पता देखा तो वो निराश हो गया क्युंकि वो वहां पहले ही जा चुका था नौकरी के लिये |

रात भर मदन परेशान रहा और फिर सुबह उसने फैसला किया कि वो दुबारा वहां जायेगा, क्या पता हर्ष और रुद्र की वजह से उसे इतनी अच्छी कंपनी मे नौकरी मिल जाये |

यही सब सोचकर अगले दिन वह दोनों के ऑफिस पहुंच गया |

13

खुश खबरी

ऑफिस के सामने पहुंचते ही मदन थोड़ा घबरा गया और इतनी बड़ी बिल्डिंग देखकर सोचने लगा कि नसीब वाले होंगे वह लोग जो इतनी अच्छी जगह काम करते हैं, चलो इस बार फिर देख लेता हूं और भगवान का नाम लेकर वो बिल्डिंग के अंदर घुस गया |

हर्ष और रुद्र मदन के लिए पहले ही मैनेजर से बात कर चुके थे, इसलिये मैंनेजर ने मदन के डाक्यूमेंट्स देखें और एक छोटा सा इंटरव्यू लिया और बस फिर क्या मदन की जॉब लग गई | उसने दोनों को दिल से धन्यवाद किया |

इधर जानकी का रिश्ता पिताजी ने एक अच्छा लड़का देखकर तय कर दिया, जो ज्यादा दहेज भी नहीं मांग रहे थे, बापू खुश थे कि उनकी बेटी किसी ऐसे घर में जाएगी, जहां उसकी इज्जत हो ना कि उसके सामान की, अब बस मदन पैसों का इंतजाम कर दे तो यह काम भी जल्दी हो जाए, एक बार जानकी अपने घर चली जाए फिर मैं रहूं या ना रहूं

मेरे प्राण आसानी से शरीर त्याग देंगे | अब तो बस थोड़े पैसों का और इंतजाम होना था कि जानकी के हाथ पीले हो जाते |

मदन की पढाई के हिसाब से यहां पर वैसे तो कोई नौकरी नही थी लेकिन हर्ष और रुद्र ने जिद की तो मैनेजर ने उसे पूरी कंपनी का लाइट सिस्टम देखने के लिये रख लिया क्युंकि मदन को लाइट का काम भी आता था और उस समय इस काम को देखने वाला कोई था भी नही |

नौकरी लगने के बाद मदन ने जानकी को फोन किया और कहा, " सुन छोटी आज तुझे मैं ऐसी खबर सुनाऊंगा तो खुशी से पागल हो जाएगी" |

जानकी ने कहा, " अच्छा भैया... भला ऐसी भी क्या बात है, तुम्हारी नौकरी तो पहले ही लग चुकी थी, अब ऐसा तो नहीं कि कोई तुमने भाभी ढूंढ ली" |

मदद ने हंसते हुए कहा, " अरे नहीं... नहीं... ऐसा कुछ भी नहीं है, तू ना तू मेरे हाथों पीटेगी, थोड़ा कम बोला कर" |

जानकी ने हंसते हुए कहा, " अच्छा फोन किया है बोलने के लिए या चुप रखने के लिए, मैं तो बोलूंगी और वैसे भी मैं भी तुम्हें एक खबर सुनाऊंगी, जो सुनकर तुम भी खुश हो जाओगे" |

मदन ने आश्चर्य से कहा, “ अच्छा..... पक्का तू घर से जाने वाली है, यही खुशखबरी है” |

यह सुनकर जानकी रूठ गई और बोली, “ हां...हां... मेरे घर से जाने से तुम्हें तो बड़ी खुशी है, जिसे देखो बस मेरे जाने की पडी है, हंस लो....” |

मदन ने हंसते हुए कहा, “देख छोटी, मुझे एक बहुत बड़ी कंपनी में नौकरी मिल गई है और तनखाह भी अच्छी खासी है, तुझे पता है इस शहर में अजनबी भी कितने अच्छे हैं, मैं जहां पहले नौकरी कर रहा था वही दो लड़के मिले, जो मुझे अपने भाई की तरह मानते हैं और उन्होंने ही मेरी नौकरी लगवाई है” |

जानकी यह सुनकर बहुत खुश हुई और बोली, “ भगवान उन दोनों को लंबी उम्र दे, अब तो तुम जल्दी आओगे ना” |

यह सुनकर मदन ने कहा, “ अरे पगली....तू भी ना, अब नई नई नौकरी मिली है, इतनी जल्दी कैसे आऊंगा? तू धीरज धर और पिताजी से कहना कि परेशान ना हो, मैं जल्दी ही आऊंगा, अच्छा सुन तू कौन सी खुशखबरी सुना रही थी, यह तो बता”?

जानकी मुंह बनाते हुए बोली, “ कोई खुशखबरी नहीं है मेरे पास” |

मदन ने कहा, “ अरे बोलना....? बेकार की बातें क्यों करती है”?

यह सुनकर उसने कहा, “ पड़ोस के गांव से पिताजी ने मेरा रिश्ता तय कर दिया है” |

यह सुनकर मदन भी खुश हो गया और बोला, “ तुझे तो पसंद है ना लड़का”?

जानकी चुप हो गई और मुस्कुराने लगी, मदन भी समझ गया कि उसे कोई परेशानी नहीं है इस रिश्ते से |

मदन ने कहा, “ तब तो फिर मैं अब ढेर सारे पैसे जोड़कर ही आऊंगा, बार-बार नहीं, पिताजी से कह देना अपना ध्यान रखना, अच्छा चल छोटी, अब मैं रखता हूं” | यह कहकर उसने फोन रख दिया |

जिंदगी की पतंग अब खुले आसमान मे उड़ती सी नजर आने लगी थी, मदन जानकी और पिताजी बहुत खुश थे |

सभी की जिंदगी ऐसी लग रही थी जैसे खुशियों से भरने वाली हो तभी किसी ने कहा,

" अरे भाई साहब...... सुनिए, जरा इस बच्चे को पकड लीजिये, मैं पेशाब होकर आता हूं" | ये सुनकर श्रवण अपनी कहानी से निकला, उस आदमी की इस बात का वो कुछ जवाब देता कि इससे पहले उस आदमी ने फिर कहा, " वो....दरसल क्या है और कोई मेरे साथ है नहीं, और आप मुझे भले लग रहे हैं तो फिर इसे जरा देख लीजिए" |

एक अनजान आदमी की यह बात सुनकर श्रवण को थोड़ा सा अजीब लगा लेकिन जब उसने देखा उस आदमी के पास काफी सारा सामान है तो उसने कहा, " ठीक है, आप जाइए मैं देखे हूं" |

यह सुनकर वह आदमी अपने बच्चे को श्रवण की सीट पर बिठा कर पेशाब करने चला गया | वह प्यारा सा चार साल का बच्चा श्रवण के पास बैठकर किताब को छूने की कोशिश करने लगा | उसने धीरे से कहा,

" नहीं... अभी तुम छोटे से बच्चे हो, बड़े हो जाओ फिर पढ़ना और वैसे भी यह किताब मेरी नहीं किसी और की है" | बच्चा श्रवण की बात सुनकर उसकी ओर देखते हुए मुस्कुराने लगा, बच्चे की मुस्कुराहट देखकर उसकी आंखों में आंसू आ गए लेकिन क्यों? बच्चे की मुस्कान देखकर तो उसे खुश होना चाहिए था | उसने किताब को एक कोने में रखा और बच्चे को सीने से लगा कर उसे थपकियां देने लगा लेकिन कमाल की बात यह थी कि बच्चा अनजान आदमी के सीने से लग भी गया और जरा भी नहीं

रोया |

श्रवण ने अपनी आंखें बंद कर ली और अपने अतीत में खो गया |

मीरा से उसका प्यार देख कर उसके परिवार वालों ने उसको चेतावनी दे दी थी लेकिन उसने भी सोच लिया था, जिस घर में उसने हमेशा अपने मन की न सुनकर अपने मां-बाप की सुनी फिर भी, आज भी उसके लिए उस घर में कोई जगह नहीं है और ऐसे घर में रहने से अच्छा है कि वह यह घर छोड़कर हमेशा के लिए चला जाए |

वो कई दिन तक यही सोचता रहा और इसी उधेडबुन मे उसने मीरा से मिलना भी कम कर दिया और दोस्तों से तो उसने कबका मिलना जुलना बन्द कर दिया था, उसने खुद को एक बन्दिश मे कैद कर लिया था, जैसे ऐसा करने से उसके पापा खुश हो जायेंगे या फिर उसे ही शांती मिल जायेगी, लेकिन ऐसा कुछ भी नही हुआ |

14

प्यार या परिवार

कुछ दिनों बाद श्रवण एक दिन मीरा से मिला और उसने मीरा से कहा, " मीरा तुम मुझे कितना प्यार करती हो" |

मीरा ने कहा, " कितना प्यार करती हो का क्या मतलब? प्यार कोई चीज थोड़ी ना है जो नापी जा सके" |

श्रवण ने कहा, " हां मैं मानता हूं लेकिन फिर भी...." |

मीरा कुछ समझ ना सकी और बोली, " तुम साफ-साफ क्युं नही कहते कि आखिर बात क्या है"?

श्रवण बोला, " देखो ये तो तुम भी जानती हो कि मेरे मां-बाप तुमसे शादी के लिए मुझे कभी हां नहीं कहेंगे" |

मीरा ने हां में सर हिलाते हुए उसका हांथ पकड़ लिया |

श्रवण ने कहा, " अब तुम ही बताओ कि हम क्या करें, तुम जैसा कहोगी मैं वैसा ही करूंगा, अगर तुम चाहती हो कि हम घर से भाग जाएं तो मैं उसके लिए भी राजी हूं, बस तुम तुम्हारा राजी होना जरूरी है" |

मीरा कुछ देर चुपचाप बैठी सोचती रही और फिर बोली, " मैं मानती हूं कि तुम मुझे बहुत प्यार करते हो लेकिन मेरे मां-बाप भी मुझसे बहुत ज्यादा प्यार करते हैं और यही कारण है कि वह इस शादी के लिए मान गए, तुम अपने घर वालों को मना क्यों नहीं लेते? तुम कहो तो मैं उनसे बात करूं या मैं अपने पापा को भेज दूं"?

यह सुनकर वो परेशान हो गया और बोला, " तुम मेरे मां-बाप को नहीं जानती, खासकर पापा को, उनके सीने में दिल नहीं पत्थर है, उन्हें अपनी जायदाद पर इतना घमंड है कि उन्होंने आज तक मुझे नहीं समझा, तुम्हे या तुम्हारे पापा को क्या समझेंगें" |

मीरा ने श्रवण की बात काटते हुए कहा, " बेकार की बातें मत करो, अब सब मुझ पर छोड़ दो" |

यह कहकर मीरा उस दिन चली गई |

अगले दिन मीरा के पिता श्रवण के यहां गए, उन्होंने जाते ही श्रवण के पिताजी से नमस्ते किया और बैठ कर बोले, " भाई साहब.... मेरे आने का कारण तो आप समझ ही गए होंगे क्योंकि यह बात मुझे पता है तो आप से भी छुपी नहीं होगी कि हमारे बच्चे एक दूसरे को पसंद करते हैं और शादी करना चाहते हैं, मेरी इतनी हैसियत नहीं कि मैं आपके सामने यह बात कर सकूं लेकिन क्या करूं बच्चों की खुशी के लिए मां-बाप को झुकना ही पड़ता है और वैसे भी जिंदगी बच्चों को गुजारनी है तो अच्छा होगा कि वह हंसी खुशी अपनी आगे की जिंदगी गुजारें, ना कि हमारे बताए हुए जबरदस्ती के किसी रिश्ते मैं पडकर वह अपनी जिंदगी बर्बाद करें" |

यह सुनकर श्रवण के पिता जी ने कहा, " तेरी औकात कैसे हुई मेरे सामने बैठने की? पहले तो तू कुर्सी से उठ और खड़े होकर बोल, दूसरी बात तेरी बेटी हमारे बेटे के लायक नहीं है, यह मैं पहले भी बोल चुका हूं और जो तू यह सपना देख रहा है ना अपनी बेटी को इस हवेली की बहू बनाने की तो गलत है तू, अब बहुत देर हो गई यहां तुझे चल निकल" |

उनके इतना कहते ही जब तक नौकर दो कप चाय ले आया और श्रवण की मां बाहर निकल कर बोली,

" भाई साहब चाय तो पी लीजिए" |

यह सुनकर श्रवणके पिताजी ने कहा, “ हां... हां... चाय पी कर जा, बड़े घरों की चाय कहां तेरे नसीब मे होगी, चल बैठ जा और चाय पी ले, वैसे भी हमारे घर की परम्परा है, ये कि किसी को बिना चाय पानी के नही लौटाते, फिर क्युं ना वो कोई तुच्छ, गिरा हुआ और नीच जाति का हो” |

मीरा के पिता शर्म से गड़े जा रहे थे |

उन्होंने श्रवण की मां से कहा, “ देखिए भाभी जी, छोटा मुंह बड़ी बात लेकिन आप लोग अच्छा नहीं कर रहे हैं, बच्चों की खुशी के लिए कभी-कभी मां-बाप को झुक जाना चाहिए” |

उनकी बात सुनकर श्रवण के पिता ने चिल्लाते हुए कहा, “ झुकना तुझ जैसे छोटें लोगों के नसीब में लिखा होता है, समझा..... हम जैसे ऊंचे घरानों के लोगों के नसीब में नही, और इसी कारण भगवान ने मुझे बेटी नही दी, ताकि मै हमेशा सिर उठाये अपने रौब में रहूं, अब बस कर अपनी बकवास और मैं धक्के मार कर तुझे बाहर निकालूं, इससे पहले चला जा यहां से” |

यह सुनकर मीरा के पिता जाने लगे और कुछ कदम चलकर पीछे मुड़कर बोले, " जिस पैसे के कारण आज आप इतना घमंड करते हैं कि आपको

इंसान इंसान नहीं लगता, एक दिन वही पैसा आपको खलेगा क्योंकि तब आपके पास सिर्फ पैसा होगा और कोई नहीं" |

यह कहकर मीरा के पिताजी चले गये और घर आकर उन्होंने मीरा को समझाया कि वह श्रवण को भूल जाए | मीरा यह सुनकर परेशान हो गई और अगले दिन मिलकर उसने श्रवण पर बहुत गुस्सा किया और बोली, " तुम्हारे पिताजी ने मेरे पिताजी की इतनी बेज्जती करी, मैं तुमसे शादी नहीं कर सकती" |

इस पर श्रवण ने अफसोस जताते हुए कहा, " यह क्या बच्चों जैसी बातें कर रही हो, तुम्हारे पिताजी की मेरे पिताजी ने बेज्जती करी, मैंने तो नहीं की ना, मैंने तो तुम्हें पहले ही कहा था, तुम ही तो कह रही थी अब मेरे हाथ में छोड़ दो, मैं सब संभाल लूंगी, कर ली ना अपनी जिद पूरी, अब मुझसे शिकायत क्यों कर रही हो" |

ये सब सुनकर मीरा का चेहरा उतर चुका था और वह बिना कुछ बोले अपने घर चली गई | श्रवण ने भी उसको आज एक बार नहीं रोका, वो तो यही सोचता रहा कि आखिर इसमें उसकी क्या गलती है, वह बड़ी देर तक मीरा को दूर तक जाते हुए देखता रहा, जो अब रास्ते की धूल में कहीं गुम हो चुकी थी |

तभी ट्रेन की सीटी एक बार फिर बजी और ट्रेन ने चलना शुरू कर दिया, श्रवण अपने अतीत से जागा तो देखा बच्चा उसकी गोद में सो चुका था

और उसका पिता सामने बैठा मुस्कुरा रहा था | वो कुछ कहता इससे पहले उस आदमी ने कहा, " कमाल की बात है भाई, यह लड़का मेरी गोद में नहीं सोता लेकिन तुम्हारी गोद में तो ऐसे सो रहा था जैसे यह बच्चा तुम्हारा ही हो और मैंने भी सोचा, थोड़ा मैं आराम से बैठ जाऊं, सॉरी भाई.... बुरा मत मानना" |

श्रवण ने मुस्कुराते हुए कहा, " अरे इसमें बुरा मानने वाली क्या बात है, मुझे खुद अच्छा लगा कि आपके बच्चे में इतना अपनापन है, वरना अजनबियों को देखकर तो बच्चे अक्सर रोने लगते हैं" |

उस आदमी ने कहा, " हां भाई.... यह तो बात सही कही तुमने इसीलिए मैनें तुम्हें नही जगाया क्युं कि तुम भी सो रहे थे और मेरा बेटा भी, लाइए अब मैं इसे ले लेता हूं" |

श्रवण ने उस बच्चे को उसके पिता को दे दिया और एक गहरी सांस लेते हुये अपने आप से बोला, " हां..... सो ही तो रहा था मैं" |

ट्रेन की रफ्तार तेज हो चली थी | धूप अब उसकी खिडकी के शीशे से अन्दर आ रही थी, उसने धीरे से वो शीशा थोडा सा खोल दिया जिससे धूप की कोमल गर्म किरणें और ठंडी हवा दोनों अन्दर आने लगीं |

श्रवण ने किताब उठाई और उसके पन्ने पलटने लगा और पलट कर आगे की कहानी पढ़ने लगा।

15

शहर की मिठाई

एक दिन हरिया भी अपने खेतों पर काम कर रहा था तभी नारायण जो उसका दोस्त था दौड़ा-दौड़ा खेत पर आया और बोला, " अरे ओ हरिया..... का खेत में ही घुसा रहेगा कि हमरी बात भी सुनेगा" |

हरिया उसकी बौखलाहट देखकर घबरा गया और बोला, " का हो नारायण का बात है, अईसे आंधी की तरह काहे चिल्ला रहा है"?

नारायण ने अपनी सांस को थामते हुए कहा, " अब का बताएं भैईया, बात ही कुछ अईसी है" |

वह कुछ कहता कि तभी हरिया ने उसे ऊपर से नीचे तक देखा और कहा, " हे राम....का बात है नारायण कोनो लॉटरी आटरी तो नाहीं लग गई तोरी, तोरे तो ठाठ ही बदले बदले लागत हैं, सूट बूट, नए कपड़े पगड़ी तोहार तो काया पलट हुई गई, अब कुछ बोलेगा भी कि हमारी बकबक ही

सुनत रहेगा" |

नारायण हरिया के दोनों कंधों पर हाथ रखते हुए बोला, " अब तोका का बताएं हरिया, ऊ सहर से हमार रामपाल आई गवा है, अरे ऊ तो अबही दो-तीन बरस पहले ही तो सहर गया था और इत्ती जल्दी बड़ा आदमी बन गया है, भगवान ऐसी औलाद सबई का दे, उई हमार लिये ई सब लाया है, और तो और तोहार भौजी को भी उसने बबुआइन बना दिया है" |

हरिया नारायण को देख कर बड़ा खुश हुआ और बोला, " सही कहत हो भैया, कहां है रामपाल? अरे जरा हमहू का तो मिलाई दो उससे" |

नारायण बड़ी खुशी खुशी हरिया को अपने घर ले आया, जिसे देखकर रामपाल ने काला चश्मा लगाते हुए कहा, " अरे चाचा... राम.... राम...." |

हरिया ने बड़ी खुशी से उसको राम-राम कहा और बोला, " जुग जुग जियो बाबू जुग जुग जियो, नारायण का तो तुमने रुप रंग ही बदल दियो" तभी अंदर से नारायण की पत्नी निकली जिसने काला चश्मा लगा रखा था और नई साड़ी पहन रखी थी, जिसे देखकर हरिया ने हंसते हुए कहा, " वाह भौजी, तुम तो पिक्चर की बिल्कुल हीरोइन लग रही हो, ऊ कौन सी हीरोइन है उसका नाम नहीं आ रहा, हां ऊ..... सुरेखा जईसन लाग रही हो" |

ये सुनकर रामपाल ने हंसते हुये कहा, " का चाचा....सुरेखा नाही रेखा..." |

हरिया ने कहा, " हां हां...... हमार उही मतलब, तुम तो भौजी कतई रेखा लग रही हो" |

अपना काला चश्मा उतारते हुए भौजी ने कहा, " हां सही कहत हो भैया, अच्छा.... तुम दोनों लोग अपनी राम जुहार करो, हम अभी आत हैं" |

यह कहकर भौजी मोहल्ले की बाकी औरतों के साथ बातचीत करने लगीं | सारी औरतें उन्हें देख देख कर आंहें भर रही थीं हाय रे.... नई साड़ी, नई चप्पल, नया चश्मा, चूड़ी और न जाने क्या-क्या तभी रामपाल ने कहा, " काहे चाचा.... अबकी बार दीपक और दिनेश भैया ना आये, बड़ा दिन हो गए" |

यह सुनकर हरिया का मन उदास हो गया और उसने अपने मन की उदासी को मन में ही दबाते हुए कहा,

" अरे... अरे.. बचुआ, अईसा कुछ नाही है, ऊ का है कि दीपक को तो तुम जानत हो, ऊ अपने बीवी बच्चा सहित सहर मा है, सहर मा अपना काम करत है, अपना परिवार साथ रखत है तो आवन का मौका कहां लागत

है, शुरुआत में तो तीज त्यौहार पर आ जात थो पर अब तो..........और रही बात दिनेश की तो बिचारे ऊकी का बात करें, कमा के खर्चा पानी भेजत रहत है, अब सबकी किस्मत तोहार जैसन कहां होत है, राम जी की किरपा जिस पर हुई जाये" |

ये सुनकर रामपाल ने डींगें हांकते हुये कहा, " जे बात तो चाचा बिल्कुल सही कही तुमने, सबई की किस्मत हमार तरह नाही होत है, खैर छोड़ो चाचा.... ई लो सहर की मिठाई खाओ" |

यह कहकर रामपाल ने हरिया की ओर मिठाई का डिब्बा बढ़ाया, " हरिया ने सकुचाते हुए उसमें से दो पीस उठाया और बोला, " अच्छा बचुआ.... हम चलत हैं, खेत ऐसे ही छोड़ आए थे, खेत पर कोई नाही है" |

यह कहकर हरिया वहां से उठ कर चला आया लेकिन उसका मन उदास हो चला था, बेशक वह नारायण की तरह यह सब नई नई चीजें नहीं चाहता था, वह तो बस यह चाहता था कि उसके बच्चे भी कभी कबार आकर उसके घर की रौनक बढ़ा दिया करें और घर की जो हालत है उसे देख लिया करें |

शाम को जब हरिया घर पहुंचा सब चाची को सारा हाल बताया, इस पर चाची ने उन्हे समझाते हुए कहा,

" तुम काहे परेसान होत हो, अईसे बात बात पर परेसान ना हुआ करो,

अरे रामपाल का का है, ना बीवी ना बच्चा, कौनो खर्चा नाही है, ऊका, अब तुम जरा ऊका ब्याह होन दो, फिर हम भी देखिहें कि कित्ता खर्चा करत है अपने मां बाप पर, अब हमार लड़का दोनों बिचारे सादीसुदा, एक को परिवार साथ है, सारा खर्चा पानी करत है, तीज त्यौहार कुछ खर्चा पानी दे देत है सो अलग, दूजा पूरे घर का खर्चा देन के मारे अपनी औरत और बच्चा से दूर रहत है, अब जईसा काम वईसे ऊ भी पैसा भेज देत है, और हमार का का चाही, बस दो वकत की रोटी नमक मिल जाई ऊही ई बुढापा मा बहुत है" |

यह कहकर चाची हरिया के पैर दबाने लगी |

हरिया ने मुस्कुराते हुये कहा, " एक बात तो है दीपक की अम्मा, तुम्हारी हर बात कतई हमार दद्दा के जईसी सौ टका सांची होत है" |

ये बात सुनकर चाची शर्मा गईं कि तभी गप्पू दौड़ता हुआ आया और बोला, " बाबा.... बाबा.... हम कित्ते दिन से तुमसे कहत हैं कि हमका चीज खईबे है, बाबा आज तुम हमारे लिए कछु ना लाए, जाओ कुट्टी, हमका कोई बात ना करनी है तुमसे" |

यह सुनकर हरिया ने मुस्कुराते हुए कहा, " अरे अईसे कईसे हम अपने गपुआ की बात भूल जाएंगे" |

हरिया ने अपनी जेब में हाथ डाला और कागज में से दो मिठाई के पीस निकाल कर पोते के आगे रख दिये, उस मिठाई को देखकर पोते की आंखों में चमक आ गई, उसने मिठाई का एक पीस उठाया और बाबा को गले लगाकर बोला, " बाबा की जय हो.... बाबा की जय हो..." |

यह सुनकर हरिया और उसकी पत्नी भी जोर जोर से हंसने लगे और बोले, " कित्ता नाटकबाज है लड़का, मिठाई पाकर कईसा मक्खन लगावत है", तभी गप्पू ने कहा, " अच्छा बाबा....ई बताओ, तुम इत्ती कम मिठाई काहे लाए" ?

हरिया ने मुस्कुराते हुए कहा, " ऊ का है गपुआ कि मिठाई की दुकान पर ई मिठाई कतई खतम होन वाली थी, जेही कारन हम जे दो ही टुकडा ले आए, हमने कहा कि हमार गपुआ तो आज मिठाई जरूर खाई के रहिये" |

यह सुनकर गप्पू ने उस मिठाई के एक टुकड़े मे से आधा टुकडा तोड़कर हरिया को खिला दिया और फिर चाची को खिलाकर दुसरा पीस उठाकर नाचता हुआ अंदर चला गया | यह देखकर दोनों की आंखें भर आईं, इस छोटी सी उम्र में भी कितना प्यार करता था उनका गप्पू उन्हें और कितना समझदार था वो |

अंदर जाकर गप्पू ने अपनी मां से कहा, " अम्मा... लो बाबा हमार लिए कित्ती अच्छी मिठाई लाए, तनिक खा लेऊ" |

उसकी मां ने धीरे से कहा, “ तू खा ले बेटा, हमका नाही चाही”, लेकिन उसने जिद करी तो उसे मिठाई चखनी पडी, मिठाई खाकर गप्पू मां के पास चुपचाप सो गया |

16
रिश्ते की बात

रात का सन्नाटा गहरा हो चला था और वैसे भी गांव में लोग जल्दी ही सो जाते हैं, चाची ने भी चाचा के पैर दबाते दबाते हरिया से कहा, " सुनो जी, एक बात कहें" |

हरिया ने कहा, " हां...कहो, का बात है"?

चाची ने धीरे से कहा, " का सो गए हते"?

हरिया ने बिना आंखें खोले ही कहा, " नाही तो, आंखें बंद करे परे हैं, तुम बताओ का बात है"?

चाची ने कहा, " हम बड़े दिन से सोचत रहे थे कि तुम सहर चले जाओ" |

हरिया ने चाची की इतनी बात सुनकर आश्चर्य जताते हुए कहा, " ई का बात कर रही हो दीपक की अम्मा, अब हमार सरीर में ऊ बात नाही है कि हम ई खेती पाती का कर पावें ऊपे तुम हमका सहर जान का कह रही हो, अरे अब इन बूड़ी हड्डियों से सहर की नौकरी नाही हो पावेगी" |

चाची ने मुस्कुराते हुए कहा, " पूरी बात तो सुन लिया करो, पूरी बात सुनी नाही कि बस......हम चाहत हैं कि तुम दीपक और दिनेश के पास जाओ, उनसे कहो कि खरचा थोड़ा जादा भेज दियो करें, अब इत्ते कम खरच मा घर का खरचा चलाना बड़ा मुश्किल हुई गवा है और ऊ दीपक..... नालायक पूरा साल होये वाला है, ऊका रुपया भेजे हुए, ऊकी तो जैईसे अब कोनो जिम्मेदारी हि नाही रही, अरे हमार दोनों की तो कटी जात है लेकिन, बहू को देखो बिचारी....आस पड़ोस की बहुअन का देख के हमार करेजा रो आवत है, सब सजी समरी इहां से वहां घूमती रहत हैं, बहुरिया की पायल पिछले बरस ही टूट गई थी, अब तक ना बन पाई, सांची कहें तो ऊका मुंह जब हम देखत हैं तो अईसा लागत है कि जैईसे ऊपर अबही से बुढ़ापा आई गवा है, हम तो कई बार कहत हैं कि बिटिया तनिक बन ठन के रहा करो तुम अबही इत्ती पुरानी नाहीं हुई गई तो ऊ कहत है कि " का करेंगे बन ठन के अम्मा की को दिखाएंगे बन ठन के, और जादा बनेंगे ठनेंगे तो भी औरतें कहियें घर में खान को नाहीं अम्मा चली भंजाने, हम अईसे ही ठीक हैं" हमका तो ऊकी बडी चिंता लागी रहत है, एक तो दूजा बच्चा नाही होत है, ऊ डक्टराईन भी ना जाने का दवा देत है इत्ते दिन से फूल पाती कुछ नाही और बहु सूखी जात है, और गपुआ ऊ को देखो, कब से भैंस की जिद लगाए हैं, ऊ की इच्छा पूरी हुई जाए तो ऊ खूब दूध पी ले, अबही इत्ता भी बड़ा नाहीं हुई गवा कि दूध छूट जाई, का करें ससुरा, ई घर गृहस्ती का खरचा भी सुरसा के मुंह की तरह ही फैलत जात है" |

चाची की बात सुनकर हरिया कुछ परेशान हो जाता है, जिस पर चाची उन्हे समझाती हुई कहती हैं, " तुम परेसान ना हो, हम जानत हैं अपने लडिकन का, तुम जाओ वो थोड़ी थोड़ी मदद जरूर करिहें और फिर कम से कम बहू की पायल और भैंस, दो चीज तो इस बरस आ ही जांए और भैंस आ जावेगी तो फिर दूध भी बेच लेवंगे, यही बहाने भैंस की भैंस हो जावेगी, दूध का दूध और पैसा का पैसा, गपुआ और बहू भी कछु घी दूध खावेंगे तो उनके मुंह पर रौनक आवेगी" |

चाची की बात हरिया को बिल्कुल सही लगी इसीलिए वह इस बारे में सोचने लगा कि लड़कों के पास शहर चला जाए और कुछ पैसों का इंतजाम कर लाए, खुद के बचाए हुए कुछ रुपए मिलाकर एक भैंस ले ले, जिससे उसके प्यारे पोते की इच्छा पूरी हो सके और बहू की सेहत की देखभाल हो सके |

इधर रुद्र और हर्ष दोनों अपनी जिंदगी में खुश थे कि तभी एक दिन उनकी दूर की चाची का फोन आया जिन्होंने कहा कि उन्होंने उन दोनों के लिए एक रिश्ता ढूंढा है और सबसे अच्छी बात है लड़की वाले दिल्ली में ही रहते हैं तो अगर वो कहें तो उनसे बात आगे बढ़ायें |

रुद्र ने ना चाहते हुए भी चाची को हां कर दिया और कहा, " चाची जी, आपको हमारी शर्त तो पता है ना"?

चाची ने हंसते हुए कहा, “ अरे हां बेटा, हमें तुम्हारी शर्त पता है, दोनों लड़कियां बहन बहन हैं, सिर्फ डेढ़ साल का दोनों में फर्क है और मुझे पता है तुम दोनों को वह लड़कियां पसंद आ जाएंगी” |

उनकी बात सुनकर हर्ष ने रुद्र से कहा, “ क्या यार.....?? तूने चाची जी को हां क्यों कर दी, अरे हमें अपनी पसंद से शादी करनी है या उनकी पसंद से”?

रुद्र ने कहा, “ यार बार-बार उनको मना करते बनता भी तो नहीं है और तो और उन्होंने इस बार हमारी शर्त का भी ध्यान रखा, ऊपर से वह तो सिर्फ रिश्ता बता रही है, पसंद ना पसंद तो हमें ही करनी है, चल कोई नहीं देख कर आते हैं क्या बला है ये? जो हम जैसे जवान हसीन कमाऊ मर्दों को पसंद आ जाएंगी” |

रुद्र की इस बात पर हर्ष जोर जोर से हंसने लगा और बोला, “ तू....ना सच मे नौटंकी है, चल अब काम कर अपना फिर देखते हैं क्या करना है” |

दोनों काफी सोचने के बाद संडे के दिन लड़की वालों के यहां जाने के लिए निकल लिये और फिर लड़की वालों के घर के बाहर पहुंचकर रुद्र ने तांक झांक शुरू कर दी |

हर्ष से कहा, " यार सच में घर तो बड़ा अच्छा है, गार्डन भी मस्त है, पेड़ लगाते हैं इसका मतलब नेचर फ्रेंडली है" |

हर्ष ने धीरे से कहा, " अच्छी बात है नेचर फ्रेंडली है लेकिन हुमन फ्रेंडली होना ज्यादा जरूरी है, वरना बेटा मारे बहुत जाओगे" |

रुद्र ने कहा, " तुम्हारे होते हुए अगर कोई मुझे मारे तो फिर तुम्हारे होने से क्या फायदा है" |

हर्ष ने यह सुनकर अपना सिर झुकाया और हंसने लगा तभी दरवाजा खुला और लड़की के पिताजी ने कहा,

" अरे.... आइए... आइए..." |

उन्होंने दोनों को अंदर बुलाकर गेस्ट रूम में बिठाया और बोले, " आप लोगों को कोई परेशानी तो नहीं हुई यहां तक आने में" |

हर्ष ने कहा, " नही अंकल, भला परेशानी कैसी? दिल्ली के दिल्ली में ही तो आना था, वैसे अंकल जी आपको हमारी शर्त तो पता ही होगी"?

ये सुनकर उस आदमी ने मुस्कुराते हुए कहा, “ हां... हां... बेटा तुम्हारी शर्त तुम्हारी चाची जी ने बता दी थी लेकिन बेटा ऐसी बेतुकी शर्त रखता कौन है”?

उस आदमी की बात सुनकर हर्ष और रुद्र एक दूसरे का चेहरा देखने लगे, रुद्र को तो इतना गुस्सा आया कि वो उठ कर चला जाए लेकिन इन दोनों के गुस्से को उस आदमी ने समझते हुए कहा,

“ अरे बेटा.... मैं तो मजाक कर रहा था, चलिए आप लोग बैठिए मैं अभी आया” |

यह कहकर वह आदमी अंदर चला गया और अगले ही पल अंदर से वह अपनी पत्नी के साथ आया और उसकी दोनों सुंदर बेटियां चाय नाश्ते के साथ आकर बैठ गईं | दोनों लड़कियों को देखकर हर्ष और रुद्र का गुस्सा उतर गया क्योंकि दोनों देखने में बहुत सुंदर थीं, अब फैसला ये करना था कि किस को कौन पसंद आता है, तभी लड़की की मां ने कहा,

“ बेटा.... आप लोग चाय पियो” | लड़की की मां ने दोनों को चाय देते हुये कहा |

रुद्र ने चाय पीते हुए कहा, “ वैसे चाची जी ने और क्या क्या बताया आपको”?

लड़की के पिता ने हंसते हुए कहा, " जी हां.... वैसे तो ज्यादा कुछ भी नहीं, बस यही बताया कि आप दोनों के मां बाप नहीं हैं, सुनके बड़ा ही दुख हुआ" | उनके इतना कहते ही लडकी की मां ने कहा,

" तभी तो बेटा हम लोग ये बातें आपसे कर रहे हैं, वर्ना तो ये काम बडे बूढों का है, वैसे तुम्हारी चाची बडा सोचती है तुम्हारे बारे में, लेकिन क्या करें, अब जब तुम्ही लोग मालिक हो तो ये भी अच्छी बात है, आमने सामने ही बात हो जायेगी, खैर वो सब बातें छोड़ो यह कचौड़ी खाओ, हमारी बड़ी बिटिया साधना ने बनाई हैं और हां यह जो मीठी गुझिया देख रहे हैं, यह हमारी छोटी बिटिया आराधना ने बनाई हैं, खाइए और बताइए कैसी बनी हैं"?

दोनों ने कचौडी और गुझिया खाई तो उन्होंने सोचा कि अब तो शादी के लिये मना करने का कोई कारण ही नही है तो बात पक्की कर ही देते हैं क्योंकि इतना टेस्टी नाश्ता तो उन्होंने सिर्फ होटल में ही किया था |

17
कचौड़ी और गुझिया

रुद्र, हर्ष और लड़कियों के मां बाप में काफी देर तक बात होने के बाद लड़कियों की मां ने कहा, " तो बेटा आप दोनों में से बड़ा कौन है क्योंकि देखने में तो आप लोग हम उम्र ही लगते हो" |

हर्ष ने मुस्कुराते हुये कहा, " जी.... मैं बड़ा हूं और यह छोटा", हर्ष की बात पूरी होती कि तभी लड़की की मां ने हंसते हुए कहा, " अजी वाह, तो फिर तो बात पक्की हर्ष – साधना और रुद्र - आराधना वाह जोड़ी की तरह नाम भी खूब जच रहे हैं" | उनका इतना उतावलापन देखकर दोनों हंसने लगे, लड़की के पिताजी ने कहा, " बेटा... आप लोगों को कुछ पूछना हो तो पूछ सकते हो" |

यह कहकर वह रुद्र हर्ष और अपनी दोनों बेटियों को छोड़कर अंदर चले गए | वैसे तो दोनों को इन लड़कियों से कुछ भी नहीं पूछना था लेकिन फिर भी मन रखने के लिए हर्ष ने साधना से कहा, " देखिए वैसे तो मुझे कुछ नहीं पूछना है लेकिन फॉर्मेलिटी के नाम पर आपसे पूछे लिए ले रहा

हूं कि अगर इस शादी के लिए हां होती है तो क्या आप अपने मन से राजी हैं इस रिश्ते के लिए, आप पर कोई दबाव तो नहीं"?

साधना ने शर्माते हुए कहा, " जी बिल्कुल भी नहीं..." |

हर्ष ने आराधना से कहा, " देखिए जैसा कि आपको पहले ही पता चल गया होगा कि हम किस तरह की लडकी ढूढ रहे थे इसलिए हम यह पूछना चाहते हैं कि आप लोग जिंदगी पर एक साथ रह सकती हैं ना"?

दोनों बहनों ने एक दूसरे की ओर देखा और मुस्कुरा कर कहा, " हां.. हां... क्यों नहीं, जब भाई भाई जिंदगी भर साथ रह सकते हैं तो बहने क्यों नहीं, और ये तो हमारे लिये बहुत अच्छी बात है कि हमें जीवन भर एक अच्छा साथ मिलेगा, जो आजकल किसी को नही मिलता" |

यह जवाब सुनकर रुद्र और हर्ष दोनों ही उन दोनों से इंप्रेस हुए और बोले, " गुड... आप लोगों की सोच काफी अच्छी है" तभी लड़की के मां-बाप अंदर आ गए और बोले, " अब बातचीत हो गई हो तो हम भी आ जाएं? हा.. हा.. हा.. हा.. हा.." |

हर्ष ने शर्माते हुए कहा, " जी अंकल, बातचीत वैसे भी कुछ खास करनी नहीं है" |

अंकल ने कहा, " देखो बेटा लेन-देन की भी बात हो जाती तो ज्यादा सही रहता, वैसे तो आप की चाची जी ने बता रखा है कि लड़के बहुत सीधे, सरल हैं और अच्छी खासी नौकरी कर रहे हैं, उन्हें ज्यादा कुछ नहीं चाहिए सिवाय अच्छी लड़कियों के, लेकिन फिर भी आजकल के लड़के शायद कोई डिमांड हो" |

यह सुनकर हर्ष ने कहा, " जी ऐसा तो कुछ भी नही है बाकी हम चाची जी सही कह देंगे, अगर ऐसा कुछ होगा फिलहाल तो अब हमको कुछ काम है, अब हम चलते हैं" |

यह कहकर दोनों वहां से निकलने लगते हैं कि तभी एक उन्ही की उम्र का सुन्दर सा लडका घर के अन्दर आता है जिसे देख लडकी के पिता कहते हैं, " तू आ गया..., अरे ये तेरी बहनों को देखने आये हैं" |

लडके ने नजर उठाकर दोनों को देखा और नमस्ते की, रुद्र और हर्ष ने भी उसे देखा और फिर बोले, " अच्छा ठीक है, अब हम चलते हैं" |

उनके जाते ही लड़की वाले बहुत खुश हो जाते हैं और कहते हैं कि अब रिश्ता समझो पक्का | हर्ष और रुद्र बाहर आकर कार में बैठते हैं, उनको भी लगता है कि यह रिश्ता बिल्कुल उनके मन मुताबिक है लेकिन तभी रुद्र ने कुछ सोचते हुये कहा, " यार.... तुम्हें ऐसा नहीं लगता कि वहां सब कुछ एकदम परफेक्ट था"?

हर्ष ने मुंह बनाते हुये कहा, " हां.....ये तो अच्छी बात है ना" |

रुद्र ने कहा, " नही..... अच्छी बात नही है..... जब इतना ज्यादा परफेक्ट होता है ना, तब कुछ गड़बड़ होती है" |

हर्ष ने उसकी बात काटते हुए कहा, " तू.... ना बेकार का दिमाग मत चलाया कर, ऐसा कुछ भी नहीं है, अच्छे लोग हैं और लड़कियां भी अच्छी थीं" |

इतना कहकर वो कार स्टार्ट करके गाडी घुमाने लगता हैं तभी रुद्र कहता है, " हां...हां...वो सब तो ठीक है लेकिन अभी मुझे घर नही जाना, क्यों ना आसपास थोड़ा घूम लें, देख लें कैसा एरिया है? आखिरकार ससुराल आएंगे तो थोड़ा सडकों को भी तो पहचान लें" |

उसके कहने पर हर्ष गाड़ी मोड़ लेता है और लडकियों के घर के पास ही बाजार में घूमने लगता है तभी वो दोनों एक मिठाई की दुकान के आगे से गुजरते हैं तो तो दुकानदार जोर से आवाज लगाता है, " अरे साहब जी, आइए.... आइए.... एक बार यहां की स्पेशल खस्ता कचौडी और गुझिया खायेंगे तो घूम फिर के यहां आएंगे और भूल जाएंगे अपने घर का खाना, आइए..... आइए..... एक बार तो खाइये" |

हर्ष ने कहा, " यार.... तुम ना इसकी बातों को मत सुनो और चलो, वैसे भी मैं थक चुका हूं" |

रुद्र ने उसे गाडी रोकने के लिये कहा तो उसने उसकी दुकान के आगे गाड़ी रोक दी |

रुद्र बोला, " चलो खस्ता कचौडी खा लेते हैं" |

हर्ष ने गुस्साते हुए कहा, " यार ये बेकार की बातें मत कर, अभी अभी तो खा कर आए हो" लेकिन भला रुद्र के आगे हर्ष की कब चलनी थी इसलिए हर्ष को भी दुकान पर जाना पडा, वहां जाकर दोनों ने कचौड़ी और गुझिया देखें तो उन्हें थोड़ा सा संदेह हुआ लेकिन तभी उन्होंने सोचा कि नहीं नहीं ऐसा नहीं होगा |

उन्होंने दुकानदार से कहा, " भैया एक एक पीस जरा दे देना विद चटनी" |

दुकानदार ने जैसे ही चटनी डाली उसकी महक से दोनों को लगा कि

ये तो बिल्कुल वैसी ही खुशबू है जैसी हमने साधना आराधना के घर में खाई थी, दोनों ने एक दूसरे को देखा और खाना शुरु कर दिया और जैसे ही उन्होंने पहला निवाला खाया दोनों का संदेह बिल्कुल विश्वास में बदल गया कि उनके घर में बनी कचौडी और गुझिया इसी दुकान के थे, वह कुछ और समझते तभी दुकानदार ने कहा, " क्यों भाई साहब बढ़िया है ना? अरे यह हमारे वर्ल्ड फेमस खस्ता कचौड़ी हैं और तो और किसी की शादी नहीं हो रही हो ना तो आप यह खिलाइए लड़के वालों को फटाफट मान जाएंगे, आपकी तो शादी वादी हो गई है ना? अगर ना हुई हो तो कोई बात नहीं जरूरी नहीं कि लड़की वाले लड़के वालों को ही खिलायें, लड़कों की शादी नहीं हो रही तो लड़की वालों को भी खिला सकते हैं...हा...हा...हा..हा..., अरे इसी बहाने दो दिल मिल जाते हैं और हमारी दुकान का उद्देश्य सफल और लक्ष्मी जी भी हमारे पास आ जाती हैं इसी बहाने, और क्या दे दूं, कुछ और भी लीजिये" |

दुकानदार की बात सुनकर रुद्र ने कहा, " अरे नहीं.. नहीं... बस भैया आपने इतना दे दिया ना, यह हमें पूरी जिंदगी याद रहेगा, ठीक है भैया धन्यवाद" |

यह कहकर उन्होंने पैसे दिए और वहां से घर चले आये, दोनों ने रास्ते में कोई बात नहीं की और घर आकर लेट गये | घर में एक सन्नाटा सा पसरा था |

18

चाची की साजिश

कमरे में फैले सन्नाटे को तोडते हुये हर्ष ने कहा, " यार लोग ऐसा क्यों करते हैं? क्या मिलता है लोगों को ये करके"?

रुद्र ने कहा, " लोगों को मजा आता है इसलिए ऐसा करते हैं"?

हर्ष ने कहा, " तो क्या सोचा तुमने"?

रुद्र ने गुस्से मे कहा, " सोचना क्या है? जो लोग पहली मुलाकात से ही झूठ बोल रहे हों, फरेब कर रहे हों, उनसे रिश्ता जोड़ कर हम क्या करेंगे? अब तो मुझे शक होता है वो दोनों सगी बहने थी या नहीं? सहेलियां भी हो सकती हैं? या चचेरी, ममेरी, फुफेरी बहनें भी हो सकती हैं" |

यह सुनकर हर्ष परेशान हो गया और बोला, “ यार.... कुछ भी हो लेकिन लड़कियां अच्छी थीं, पहली बार मुझे कोई लड़की पसंद आई” |

रुद्र ने फिर गुस्से में कहा, “ हां तो तुम्हें कौन मना कर रहा है? कर लो जाकर शादी... मुझे नहीं करनी उससे शादी” |

हर्ष ने उसकी ओर देखा और उसके गाल पर धीरे से मारते हुये बोला, “ उल्लू.....जाकर शादी करलो, अरे तुम्हें छोड़ कर अकेले शादी कर लूं”?

ये सुनकर रुद्र मुस्कुराने लगा और बोला, “ हां क्यों नही....?? करने को तो कर सकते हो ना” |

हर्ष ने कहा, “ ऐसा कुछ नहीं है, देख लेना एक दिन अच्छी लड़की मिल जाएगी, जो हमारी किस्मत में होगी, जब मिलनी होगी ना खुद चलकर हमारे पास आ जाएगी और अगर किस्मत में शादी करना नहीं लिखा होगा तो कोई बात नहीं, तुम तो हो मुझे बना बना कर खिलाने वाले” |

यह सुनकर हर्ष अपने रुद्र के बाल खींचते हुये बोला, “ हां...हां.....खाने के साथ साथ अपना भेजा भी खिलाने वाला मैं तो हूं” |

दोनों हंसते हंसते टीवी देखने लगे और चाची जी को मैसेज कर दिया कि हमें रिश्ता पसंद नहीं आया चाची जी ने जैसे ही उनका मैसेज देखा कॉल पर कॉल करने लगी और दोनों ने उनका कॉल नहीं उठाया पर बार-बार उनकी कॉल आने से उन लोगों ने स्विच ऑफ कर लिया और जोर जोर से हंसने लगे |

कुछ देर बाद हर्ष ने कहा, " ओ...तेरी..... यार, एक बात तो हमने नोट ही नही की यार, जब हम उनके घर से आने वाले थे तो वो लडका जिसे वो अंकल अपना बेटा बोल रहे थे उसके हाव भाव से तुम्हे ऐसा नही लगा कि वो उनका बेटा नहीं, और क्या"?

ये सुनकर रुद्र ने कहा, " हां यार सच कह रहे हो, अगर सच मे वो उनका बेटा होता तो घर पर ही रहता, आखिरकार उनकी बहनों के रिश्ते की बात हो रही थी और वो घर से बाहर, अब तो पक्का मुझे लग रहा है चाची भी साजिश में शामिल है, वैसे भी किसी को भरोसा नहीं किया जा सकता, खैर छोड़ो मुझे कोई टेंशन नहीं है, यह कहकर दोनों आराम करने लगे और दोनो ने अपना फोन ऑन कर लिया कि तभी रुद्र के मोबाइल पर किसी अंजान नंबर से फोन आया" |

रुद्र ने फोन उठाया तो उधर से आवाज आई, " आपका बहुत बहुत धन्यवाद भाई" |

रुद्र कुछ समझ नही पाया उसने हर्ष की ओर देखा और फोन का स्पीकर ऑन कर दिया, उसने कहा, " जी...मैं कुछ समझा नही, कौन हैं आप? और किस चीज के लिये धन्यवाद"?

उधर से आवाज आई, " जी मैं साधना का भाई बोल रहा हू, दरसल कहते हुये शर्म आ रही है कि मैं ऐसे घर से हूं" |

रुद्र उसकी बात सुनकर परेशान हो गया और बोला, " आप साफ साफ कहो कि बात क्या है"?

साधना के भाई ने कहा, " बात ये है, कि मैं एक लडकी से प्यार करता हूं, लेकिन मेरे घरवाले राजी नही हुये और एक बार आपकी चाची अपनी बेटी के लिये मुझे देखने आई, उन्हे मैं और घर सब कुछ पसंद आया, लेकिन मेरे मां बाप ने उनसे जब दहेज की मांग की तो उन्होने कहा कि हम इतना नही दे सकते, लेकिन तभी साधना और अराधना उनके सामने आ गईं, उन्हे देखते ही आपकी चाची का दिमाग घूम गया और उन्होने कहा, बहन जी अगर मैं इन आपकी इन दोनों बेटियों की शादी बहुत अच्छे लड़कों के साथ फ्री में करा दूं, तो फिर आप क्या करेंगी" |

उनके मुंह से ये बात सुनकर मेरी मां ने कहा, " ऐसा हो जाये तो मैं अपने बेटे की शादी तेरे बेटी से फ्री में कर लूंगी" |

ये सुनकर आपकी चाची ने आप दोनों के बारे में उंन्हे बताया कि दोनों अनाथ लडके हैं और दुनियादारी से ज्यादा मतलब नही रखते, दौलत भी खूब है, बडी आसानी से वो इस शादी के लिये मान जायेंगे लेकिन यहां पर एक मुसीबत खडी हो गई जो थी, कि साधना और अराधना दोनों बहने नही सहेलियां थीं, इसलिये अराधना के घरवालों को बुलाया गया, जब उन्हे सारी बात बताई गई और आप दोनों की फोटो दिखाई गई तो सब मान गये और इसलिये आपकी चाची ने साधना और अराधना को बहन बना दिया और आप दोनों को इस रिश्ते के लिये बताया क्युंकि उन्हे पता था कि आप दोनों उन्हे पसंद कर लोगे, लेकिन आप दोनों ने इस रिश्ते से मना करके मेरे साथ साथ अपना भी भला कर लिया, भगवान आप दोनों को खुश रखे" |

ये कहकर उस लडके ने फोन रख दिया, रुद्र और हर्ष दोनों ने एक दूसरे को देखा, उन्हे इस बात की खुशी थी कि वो किसी के जाल में फंसने से बच गये, लेकिन उनकी आंखों में आंसू थे ये सोचकर कि दुनिया में उनका सच मे एक दूसरे के अलावा और कोई नही |

कमरे में एक अजीब सी शांती छा गई थी जिसमे उनके अतीत का शोर उन दोनों को साफ सुनाई दे रहा था |

अचानक जोर से ब्रेक लगने की आवाज आई और ट्रेन रुक गई | श्रवण ने किताब को अपने चेहरे से हटाया तो देखा ट्रेन किसी स्टेशन पर रुकी थी लेकिन इस बार उसके डब्बे में कोई नहीं चढ़ा और ना ही कोई उतरा |

उसे अब कुछ भूख का एहसास हो रहा था, ट्रेन इस स्टेशन पर पांच मिनट के लिये रुकी थी और सामने खाने के डिब्बे बिक रहे थे | उसने किताब जल्दी से रखी और खाने का एक डिब्बा लेकर आया | उसने जल्दी से हांथ मुंह धोकर खाने का डिब्बा खोला तो उस खाने की खुशबू उसे अच्छी लगी, उसके चेहरे पर एक अजीब सी मुस्कुराहट आ गई, उसे खस्ता कचौड़ी की याद जो आ गई थी, उसने मन ही मन कहा, लोग भी ना क्या-क्या करते हैं, लेकिन झूठ तो आखिरकार पकड़ा ही जाता है और वैसे भी इन दोनों की किस्मत में जो लड़की होगी ना वह खुद ब खुद चलकर एक दिन इनके पास आएगी |

ये आखिरी के शब्द कहते ही उसके चेहरे की मुस्कुराहट एकदम गायब हो गई, जैसे किसी दूधिया खिले हुए चांद से बादलों का एक झुंड जो अभी अभी तो चाँद पर छाया हुआ था लेकिन एकाएक वह बादलों का झुंड कहां गायब हो जाता है पता ही नहीं चलता, उसने अभी खाने के दो निवाले ही खाए थे कि वह तीसरा निवाला उठाते उठाते फिर से यादों की गर्त में जा समाया |

19

दुनिया से दूर

ट्रेन ने धीरे धीरे चलना शुरू कर दिया था, श्रवण के खाने का डिब्बा उसके सामने खुला हुआ रखा था, लेकिन वो.....वो तो कहीं और था.......... |

मीरा से मुलाकात हुये उसे पन्द्रह दिन हो गए थे, उसे अब लगने लगा था कि मीरा और उसका साथ बस यहीं तक था और इसी कारण वह परेशान सा रहने लगा था, कभी सोचता घर छोड़ दो, तो कभी सोचता कि दुनिया छोड़ दो लेकिन फिर भी वह नौकरी करता जा रहा था | एक दिन जब वो ऑफिस से बाहर निकला तो देखा मीरा अपना सूटकेस लिए उसके ऑफिस के बाहर खड़ी थी, जब श्रवण ने मीरा को देखा तो उसने मीरा को गले लगा लिया |

मीरा ने उसके गले लग कर कहा, " मैं तुम्हारे बिना नहीं जी सकती, चलो हम दोनों इस दुनिया से कहीं दूर भाग चलते हैं" |

श्रवण ने उसकी आंखों में आंखें डाल कर कहा, “ क्या तुम इसके लिए राजी हो? पूरी तरह तैयार हो? क्योंकि मीरा.... तुम कहो तो मैं यह शहर क्या, यह दुनिया ही छोड़ दूं” |

मीरा की आंखें नम थीं लेकिन उसने मुस्कुराते हुये कहा, “ यह फिल्मी बातें बाद में करना, अभी यह बताओ कि तुम्हारा क्या प्लान है क्योंकि मैं घर से हमेशा के लिये भाग आई हूं, अभी तो मैंने यह कहा है कि एक सहेली की शादी में जा रही हूं, दो तीन दिन तक तो मेरे मां-बाप मुझे नहीं ढूढेंगे लेकिन तीसरे दिन के बाद ही वह मुझे ढूंढना शुरू कर देंगे” |

यह सुनकर श्रवण ने दूसरी ओर देखते हुये कहा, “ उसकी जरूरत नहीं पड़ेगी, चलो हम दोनों इस शहर से कहीं दूर चलते हैं” |

उसने बिना कुछ पूछे मीरा का हांथ पकड़ा और बिना अपने घर जाए, वह स्टेशन पर आ गया | उसने मीरा से कहा, “ वैसे कहां चलना चाहोगी”?

मीरा ने तुरंत ही कहा, “ चलो ना, दिल्ली चलते हैं.... सुना है, दिल्ली दिल वालों की है, क्या पता हमें वह शहर एक पनाह दे दे, रही बात नौकरी की, तो तुम इतनी अच्छी कंपनी में काम करते हो, दिल्ली में तो तुम्हें नौकरी मिल ही जाएगी” |

ये सुनकर श्रवण ने उसे गले लगा कर चूम लिया और कहा, " तुम इन सब बातों की चिंता मत करो, सब धीरे धीरे सही हो जायेगा, बस तुम मेरे साथ हो फिर मुझे और कोई चिंता नही" |

दोनों दिल्ली जाने वाली ट्रेन पर बैठ लिए और ट्रेन कुछ ही देर मे चल दी | रास्ते में श्रवण ने मीरा से कहा,

" मेरे मां बाप तो मुझे ढूंढने की भी कोशिश नहीं करेंगे लेकिन तुम्हारे मां-बाप तो बहुत परेशान होंगे, जरूर तुम्हें कम से कम उन्हें फोन कर लेना चाहिए" |

मीरा ने कहा, " नहीं.... ऐसी गलती मैं नहीं करूंगी, वरना वह हमारा फोन ट्रैक करके हमको ढूंढ लेंगे, रही बात उनको बताने की तो मैं अपनी सहेली को एक चिट्ठी देकर आई हूं, दो दिन बाद वो चिट्ठी घर पर दे देगी, जिसमें मैंने साफ-साफ लिख दिया है कि मैं श्रवण के साथ यह शहर छोड़ कर जा रही हूं, हमें ढूंढने की कोशिश मत कीजिएगा, हो सके तो हमें माफ कर दीजिएगा" |

मीरा की बात सुनकर उसने उसे गले लगा लिया |

मीरा ने कुछ सोचकर धीरे से कहा, " लेकिन तुम्हें भी एक बार घर पर

बता तो देना चाहिए, आखिरकार वो हैं तो तुम्हारे मां बाप, और माना कि तुम्हारे पिता का व्यवहार सही नही लेकिन मां....वो तो परेशान होंगी" |

मीरा के बहुत कहने पर उसने घर पर फोन किया, फोन मां ने उठाया,

श्रवण ने कहा, " मां.... कैसी हो"?

मां ने हंसते हुए कहा, " यह क्या पूछ रहा है बेटा, सुबह ही तो तू गया है और आज अभी तक नहीं लौटा? कहां है? तू कहीं जा रहा है क्या? पीछे से रेलगाड़ी की आवाज आ रही है" |

यह सुनकर श्रवण की आंखें भर आईं, वह फूट कर रोना चाहता था लेकिन अपने आंसुओं के बहते सैलाब को उसने मन में ही रोक कर कहा, " मां... अब मैं कभी नहीं आऊंगा....." |

यह सुनकर मां घबरा गई और बोलीं, " ये...ये क्या कह रहा है तू कि कभी नही आयेगा" | पीछे खडे पिताजी ने जब ये बात सुन ली तो उन्होंने तेज आवाज में कहा, " किसका फोन है"?

श्रवण की मां ने कहा, " वो....वो....देखिए ना श्रवण कहीं जा रहा है और

कह रहा है कि वह कभी नहीं आएगा, उसे रोकिए..." |

ये सुनकर उन्होंने बिना फोन पर बात किए ही चिल्लाकर कहा, " तो जाने दे ना उस नालायक को.... जिंदगी में पहली बार कोई ढंग का काम कर रहा है, जरूर उस लडकी के साथ ही भाग रहा होगा, मै तो पहले ही कहता था कि ये हमारी नाक जरूर कटायेगा एक दिन, अब तेरा प्यार दुलार कहां गया, अब तो उसे बस अपनी जवानी की पडी है, भाग गया.......कह दे इससे कि बिल्कुल आने की जरूरत नहीं है यहां, मैं मर जाऊं तब भी नहीं, उसकी इस घर में कोई जगह नहीं है" |

यह सुनकर श्रवण की मां के हाथ पैर कांपने लगे, वो रोने लगी और बोलीं, " अरे... ऐसा मत कहो, हमारा एक ही तो बेटा है, वह भी चला जाएगा तो हमारा क्या होगा? उसको रोक लो.... आप अक्सर ऐसा क्यों कहते हैं"?

ये कहते हुये मां जोर जोर से रोने लगी, श्रवण ने रोते हुए कहा, " मां... तुम परेशान ना हो, मैं बस इसलिए जा रहा हूं कि घर में शांति रहे बाकी मैं तुम्हें रुलाना नहीं चाहता था, मैं तुम्हें आज भी उतना ही प्यार करता हूं जितना बचपन में करता था लेकिन आप लोग शायद बदल गए और पापा.....उनको तो जैसे मुझसे नफरत है, उनसे कह दीजिएगा कि वह अब सुकून से रह सकते हैं" |

यह कहकर उसने फोन रख दिया और फूट-फूट कर रोने लगा | मीरा ने उसे बहुत देर तक समझाया लेकिन आज उसकी आंखों का सैलाब

खुलकर बह चुका था, जिससे अब उसे बहुत हल्कापन महसूस हो रहा था | दोनों ने अपने मोबाइल के सिम निकाले और तोडकर फेंक दिये और रात को जाने कब उन्हेंनींद आ गई | दूसरे दिन एक लम्बे सफर के बाद दोनो दिल्ली पहुंच गए |

20

प्यार जिंदगी है

दिल्ली आकर श्रवण ने कई जगह इंटरव्यू दिया और उसकी एक बहुत बड़ी कंपनी में नौकरी लग गई, जहां उसे मन मांगी तनख्वा मिल रही थी | नौकरी मिलते ही श्रवन और मीरा ने कोर्ट मैरिज कर ली और दोनों बहुत प्यार से रहने लगे | अब दोनों को किसी चीज की कमी नहीं थी, हां घर की याद कभी-कभी आती थी लेकिन वह याद अक्सर उसको दुखी ही कर जाती थी, धीरे धीरे वह सारी बातें भूल कर मीरा के साथ हंसी-खुशी रहने लगा |

मीरा भी बहुत खुश थी कि आखिरकार उसका सपना पूरा हो गया जो उसने देखा था |

“ अरे बेटा..... तुम ठीक तो हो...” ?

इस कंपकपाती और बूढी आवाज ने श्रवण का ध्यान तोडा, एक पल के

लिये वो शून्य सा होकर बैठा रहा और फिर जब उसने नजर उठाकर देखा तो एक बहुत बुजुर्ग आदमी जिसके हाथों में लकड़ी का बेत था, वह बाथरूम की ओर जा रहा था लेकिन श्रवण को देखकर वो रुक गया |

श्रवण कुछ कहता कि तभी उन्होंने अपनी कांपती हुई आवाज में फिर कहा, " बेटा...... क्या बात है? खाना सामने है और तुम आंखें बंद किए बैठे हो, तबीयत तो ठीक है ना तुम्हारी"?

श्रवण की आंखों में आंसू आ गए, वो तो भूल ही गया था कि उसके सामने खाना रखा हुआ है |

उसने बुझी हुई सी आवाज में कहा, " हां बाबा.... मैं ठीक हूं, बस थोड़ा सा जी परेशान था, शायद खाना अच्छा नहीं है" | इतना कहकर वो रुक गया और अपने खाने का टिफिन बिना खाये ही बंद करने लगा |

बूढ़े ने कहा, " परेशान ना हो बेटा, सब ठीक हो जाएगा... जैसे अच्छा वक्त कट जाता है पता ही नहीं लगता, वैसे बुरा वक्त भी कट जाता है तुम हिम्मत मत हारना, ईश्वर बड़ा दयालु है, उसने सबकी किस्मत का लेखा जोखा पहले ही तैयार कर रखा है, सोचने का कोई फायदा नहीं बेटा, सब समय का खेल है" |

श्रवण कुछ और कहता, " इससे पहले वो बाबा अपनी छड़ी की टक टक करते हुए दूसरी तरफ चले गए |

श्रवण ने एक ठंडी आह भरते हुए कहा, " सही कहा बाबा आपने, ऊपर वाले ने तो हमारा लेखा-जोखा पहले ही तैयार कर दिया है" |

श्रवण ने खिड़की खोल कर खाने का डिब्बा बाहर फेंक दिया और पानी की बोतल निकाल कर पानी पीकर लेट गया और फिर से किताब उठाकर आगे की कहानी पढ़ने लगा |

रणबीर और सीमा का प्यार अब धीरे-धीरे परवान चढ़ने लगा था | रणबीर के मां-बाप बहुत मॉर्डन थे उन्होंने उसकी शादी का फैसला उसी पर छोड़ रखा था और सीमा के घर वाले तो कभी सपने में भी सोच नहीं सकते थे कि उनकी बेटी की शादी इतने बड़े घराने में होगी इसलिए जब रणवीर की तरफ से उसके घर में रिश्ते की बात आई तो सारे लोग इसे अपनी खुशकिस्मती समझने लगे |

अजीब बात होती है ना, अगर किसी बहुत बड़े घराने से रिश्ता आ जाए तो कोई जाति पात धर्म कुछ नहीं देखता और यही अगर छोटे घर से रिश्ता आये तो लोग सब कुछ देखते हैं | खैर यहां बात प्यार की भी थी | दोनों की इंगेजमेंट फिक्स हो जाती है लेकिन सीमा कहती है कि उसे इंगेजमेंट में कोई पार्टी नहीं चाहिए, कोई फिजूलखर्ची नहीं चाहिए, वह सिर्फ उसके और रणबीर के घर वालों के सामने इंगेजमेंट करना चाहती है, रणवीर बहुत खुले विचारों वाला था उसने कहा, " वह ये पल सबके सामने सेलीब्रेट करना चाहता है" लेकिन सीमा के आगे उसकी एक न

चली |

रणबीर ने उसकी न जाने कितनी तारीफ कर डाली, यह सोच कर कि उसकी शादी जिससे हो रही है उसे इतने अमीर घराने की बहू होने के बाद भी फिजूलखर्ची पसंद नहीं, हालांकि उसने राजी करने की बहुत कोशिश की लेकिन सीमा राजी नहीं हुई और कुछ दिनों बाद रणवीर ने सीमा और उसके घर वालों को मुंबई बुलाया |

सारे लोग फ्लाइट से मुंबई गए और दोनों की इंगेजमेंट हो गई, बहुत ही साधारण तरीके से घर के अंदर किसी को भी पता नहीं था, इसके पीछे सिर्फ फिजूलखर्ची का कारण था या कोई और यह भगवान जाने |

दोनों आज बहुत खुश थे | इंगेजमेंट के बाद रणबीर ने सीमा को बांहों में भरते हुए कहा, " आज हम दोनों एक बंधन में बंध गये, हम दोनों पति पत्नी हो गये, मैं सच में बहुत खुश हूं कि मेरी जिंदगी में तुम आई, मुझसे वादा करो, ऐसे ही हमेशा मेरे साथ रहोगी और मुझे प्यार करती रहोगी" |

सीमा ने उसकी बाहों से खुद को छुड़ाकर मुस्कुराते हुए कहा, " अच्छा जी, मतलब कुछ भी...... बहुत बोल रहे हो आज, देखो.... पहली बात अभी हम पति-पत्नी नहीं हुए, हां हमारे इस रिश्ते की शुरुआत हुई है लेकिन अभी असली पडाव पार करना बाकी है, पति पत्नी बनने के लिए सात फेरे लेने जरूरी है, सिर्फ इंगेजमेंट काफी नही" |

रणबीर ने प्यार भरी नजरों से सीमा को देखते हुए कहा, " तुम बताओ तो फेरे भी अभी ले लें" |

सीमा ने हंसते हुए कहा, " पागल.... सब्र करो... सब्र का फल मीठा होता है और वैसे भी तुम्हें पाकर मेरा तो वैसे भी जीवन सफल हो गया, वरना कौन जानता था कि इस साधारण सी लड़की का पति करोड़पति कंपनियों का मालिक होगा" |

रणबीर ने फिर से सीमा को अपनी बाहों मे जकड़ते हुए कहा, " तुम्हारे लिए मैं सिर्फ पति हूं, करोड़पति नहीं लेकिन मुझे अभी भी एक बात समझ में नहीं आ रही है, तुमने इंगेजमेंट में पार्टी क्यों नहीं करने दी, लाइफ में बहुत कम मौके मिलते हैं एंजॉय करने के और वैसे भी इंगेजमेंट एक बार होनी है, कौन सी बार-बार होनी है, मेरे इतने सारे खास क्लाइंट, एंप्लाइज और रिश्तेदार जब जानेंगे तो बहुत शिकायत करेंगे" |

ये सुनकर सीमा ने कहा, " तो मना लेना उनको, मैं बस चाहती थी कि इंगेजमेंट पर मैं और तुम हो और घरवाले, उनका तो होना जरूरी था और मुझे नहीं अच्छी लगती है फिजूलखर्ची और रही बात शिकायतों की तो शादी में सब को बुलाना और यह जो तुम इंगेजमेंट पर खर्चा करने वाले थे, वह भी शादी पर कर देना ठीक है, मैं चाहती हूं हमारी शादी ऐसी हो जैसे किसी राजा महाराजा की शादी होती है, बस इसीलिए और वैसे भी सरप्राइज की बात ही अलग होती है, पहले से बता देंगे ना तो ऑफिस में

तो मेरा जीना हराम कर देंगे सब लोग, खासकर वो रुद्र और हर्ष तो मुझे चिढ़ा चिढ़ा कर पागल कर देंगे और लड़कियां, लड़कियां तो जल कर ही मर जाएंगी कहेंगी मैंने तुम्हें फंसा लिया है" |

रणबीर उसकी बात सुनकर जोर जोर से हंसने लगा और बोला, " हा हा हा ...तुम भी ना सच में कमाल की बातें करती हो लेकिन हां बातों में दम है, चलो अच्छी बात है, सब को सरप्राइज करेंगे, वर्ना क्या पता यह सब सुनके जो लड़कियां तुमसे जलती हैं, वह आज ही मर जाएं" |

यह कहकर उसने हंसते हुए सीमा को गले लगा लिया |

सीमा और उसके घर वाले चार दिन मुंबई में रुके और फिर वापस दिल्ली अपने घर आ गए |

21

घर का खर्च

अगले चार दिन बाद रणबीर ने सीमा को बताया कि शादी की तारीख अगले महीने में फिक्स हो गई है इसलिए जल्दी-जल्दी तैयारी करो, हालांकि सीमा के परिवार ने इतनी जल्दी शादी करने से थोड़ी असहमति जताई लेकिन खुलकर ना बोल सके | रणबीर ने उनकी बात काटते हुए कहा, " आप लोग बस शादी में इंजॉय करने की सोचो, खर्चे की टेंशन बिल्कुल मत लो, मैं आपको चेक भेज दूंगा अमाउंट भर के आपको जो तैयारी करनी है कर लेना" |

यह सुनकर सीमा के परिवार वाले बहुत खुश हो गये और उसकी हां में हां मिलाने लगे | शादी की तैयारियां जोर शोर से होने लगी | सीमा का खिला खिला चेहरा देख देख के ऑफिस में सारे लोग उससे पूछते,

" क्या बात है? आजकल बहुत खिली खिली रहती हो"?

सीमा मुस्कुरा कर उनकी बातों को टाल देती | रुद्र और हर्ष भी कहते कि " किसी न किसी का तो चक्कर है, आखिरकार सीमा ऐसी तो कभी नहीं थी लेकिन मदन कभी भी सीमा से कुछ नहीं बोलता हालांकि सबका डिपार्टमेंट अलग अलग था लेकिन फिर भी मदन, रुद्र और हर्ष से मिलने कभी कैंटीन में तो कभी ऑफिस के बाहर मिल लेता था, तीनों हंसी मजाक करते और अपनी अपनी बातें बताते |

इधर हरिया ने भी कुछ दिनों बाद एक दिन अपने जाने की तैयारी कर ली, लेकिन जाते समय गप्पू भी जिद करने लगता कि उसे बाबा के साथ जाना है, हरिया ना चाहते हुए भी गप्पू को साथ ले जाने के लिए हां कर देता है, यह सोच कर कि चलो सफर में एक सहारा ही हो जाएगा | गप्पू हंसता नाचता हुआ पूरे घर में चक्कर काटने लगता है और कहता है, बापू के पास जाऊंगा..... बाबू के पास जाऊंगा....." |

गप्पू की मां भी खुश थी कि उसका बेटा उसके पति के पास जा रहा है | चाची भी बहुत खुश थी कि अब घर में एक भैंस आ जाएगी |

अजीब लगता है ना.. जहां शहरों में अपने भी पराए लगते हैं, वहां गांव में जानवरों के आने से भी कितनी खुशी होती है जैसे कि कोई उनका अपना हो | चाची ने कुछ खाने पीने की चीजें बांध दीं और फिर हरिया के साथ पोता भी शहर के लिये चल पड़ा |

दोनों मेरठ जाने वाली गाड़ी पर बैठ लिए क्योंकि हरिया पहले अपने छोटे

बेटे के यहां और फिर बड़े बेटे के यहां जाने का विचार बना कर आया था | दोनों मेरठ पहुंच कर अपने छोटे बेटे दीपक के यहां गये, जैसे ही उनकी छोटी बहू ने दरवाजा खोला तो अपने ससुर और भतीजे को ऐसे अचानक देखकर उसके हाव-भाव बदल गए |

उसने हरिया के पैर छुए तो हरिया उसे आशीर्वाद देते हुए बोला, " जुग जुग जियो बहू.... सदा सौभाग्यवती रहो" |

दोनों अंदर आए तो गप्पू अपने चचेरे भाई बहन के साथ खेलने लगा और बोला, " वाह कित्ता अच्छा घर है, जे का है? टीवी...... टीवी खोलो ना जरा हमका टीवी देखना है" |

उसकी ऐसी बोली से वह बच्चे उसका मजाक उड़ाने लगे और बोले, " तुम कैसे बोलते हो? अच्छे से बोलो ना", तभी बहू ने पानी देते हुए कहा, " बाबूजी.... यूं अचानक आपका आना हो गया, घर में सब ठीक तो है ना"?

हरिया ने कहा, " हां....हां.... बहू, घर मा सब ठीक है, घबरान की कोई जरूरत नाहीं है, बस मन किया तुम लोगन से मिलन का तो आ गये, ऊ.....दीपक कहां है"?

बहू ने कहा, " वो तो काम पर गए हैं, शाम को ही आएंगे... आप बैठिये, मैं आपके लिए चाय बना कर लाती हूं" |

यह कहकर वह किचन में चली गई लेकिन उसे जरा भी अच्छा नहीं लग रहा था कि बाबू जी ऐसे बिना बताए आ गये | वो चाय बनाते बनाते बस यही सोच रही थी पता नहीं कब तक रुकेंगे ये दोनों कि तभी उसे टीवी की बड़ी तेज आवाज सुनाई पड़ी |

उसने किचन से चिल्लाते हुए कहा, “ बंद करो टीवी.... इतना शोर कैसे हो रहा है” |

उसकी तेज आवाज सुनकर गप्पू हड़बड़ा गया और दोनों बच्चे टीवी बंद करके पढ़ने बैठ गये | हरिया को भी कुछ अजीब लगा लेकिन बच्चों का मामला था इसलिए उसने हंस कर टाल दिया | उसने चारों ओर नजर दौड़ाई तो देखा टीवी, फ्रिज, कूलर... सारे आराम की चीजें घर में थी हालांकि घर किराए का था, यह देख कर उसे बड़ा अच्छा लगा, वह मन ही मन भगवान को धन्यवाद दे रहा था कि उसका बेटा बहू और पोते पोती इतनी आराम मे हैं और कमा खा रहे हैं |

धीरे-धीरे दिन बीत गया और शाम को जब दीपक घर पर आया तो पिताजी को देख कर बहुत खुश हुआ | शाम के खाने पर आखिरकार बहू ने जब दीपक को आंख दिखाई तो दीपक ने पूछ ही दिया, “ अच्छा बापू..... यूं अचानक आपका आना हुआ, अरे हमको बता दिए होते” |

ये सुनकर हरियाने कहा, “ का बताएं बिटवा...... अब तुम लोगन का तो फुर्सत मिलत नाही है, तो हमने सोचा हम ही चले मिल आयें तुमसे,

दूसरी बात तनिक एक परेसानी थी" |

यह सुनकर दीपक अपनी पत्नी की ओर देखने लगा तभी हरिया ने दीपक से कहा, " परेशानी?? कैसी परेशानी बापू"?

हरिया ने कहा, " ऊ का है बेटा, कुछ पैसों की जरूरत थी हमका, ऊ...... एक भैंस लेनी है और घर का खर्च भी अब थोड़ा जादा होत है, अब तुम जानत हो कि खेती हमार बस की नाहीं है फिर भी लगे रहत हैं, खेत मा जो कुछ होत है, वह बेच बेच कर घर का खर्चा चल जात है, तू ही कहत रहे कि कुछ परेसानी हो तो बताना, और कभी कबार खर्चा पानी तीज त्यौहार के अलावा भी भेज दिया कर बेटा" |

दीपक कुछ कहता इसे पहले ही उसकी पत्नी बोल पड़ी, " बाबू जी क्या बात कर रहे हैं, अब हम लोगों का तो इतना खुद ही खर्चा है लेकिन उस खर्चे में भी कटौती करके हम खर्चा पानी भेजते तो रहते हैं और भला वहां आप लोगों का क्या खर्चा? गांव में न कोई बिल देना है, ना कोई खर्चा, बस दो लोग हो आप लोग और खेती में इतना तो आ ही जाता है, ऊपर से जेठ जी तो पैसे देते ही हैं, उनका परिवार आप लोग पाल रहे हैं, वह भी इसलिए बराबर भेजते रहते हैं, रही बात भैंस की तो इसकी क्या जरूरत है? सासू मां वैसे भी काम कर कर के थक जाती होंगी, भैंस आएगी तो उन पर और काम पड जाएगा" |

दीपक पत्नी के आगे कुछ बोल ना सका, हरिया को बहू के शब्द बिल्कुल

भी नहीं भा रहे थे, वह मन ही मन गुस्सा रहा था, उसने खाना बीच में छोड़ते हुए कहा, " बस बेटा.... पेट भर गवा" |

दीपक ने कहा, " अरे बाबूजी एक रोटी और खा लीजिए, अभी आपने खाया ही क्या है", तभी हरिया उठ कर हांथ धोने चला गया तो बहू ने कहा, " बड़े आये पैसे मांगने, सच्ची बात तो यही है, पैसे की जरूरत थी इसलिए आए वरना हमें कौन सा कोई देखने आता है और तुमसे कह देती हूं, पैसे दे मत देना, ये फिजूलखर्ची करने की कोई जरूरत नहीं है, यहां खर्चे कम हैं जो" |

दीपक की पत्नी इतना ही कह पाई तभी बाबू जी हांथ धो कर कमरे में आ गये और बोले,

" अच्छा बहू, तुम लोग खाना खाओ, हम तनिक अपनी कमर सीधी कर लें, बहुत दुखत है" |

ये कहकर हरिया लेट गया और उन दोनों ने खाना खत्म किया |

22

हालात और रिश्ते

कुछ देर बाद दीपक दूसरे कमरे में जाने लगा जहां हरिया लेटा था तो उसकी पत्नी ने कहा, “ हां सुनो.... उस अपने गंवार भतीजे को उठाओ और उन्हीं के पास लिटा दो जाकर, मेरे बच्चों के साथ सो रहा है, पता नहीं कितने जुयें होंगे उसके सिर में, बच्चों के भी हो जाएंगे” |

यह सुनकर दीपक गुस्से में बोला, “ कैसी बातें करती हो, तुम उसकी चाची हो, तुम्हारे अन्दर तो जरा भी प्रेम भाव नहीं है” |

ये सुनकर उसकी पत्नी ने मुस्कुराते हुए कहा, “ तुम्हारे अंदर है ना... उतना काफी है, मुझे जरूरत नहीं है, अब जाओ.... जो कहा है वह करो” |

यह सुनकर दीपक बच्चों के कमरे में गया और गप्पू को उठाकर बाबू के पास लिटाते हुए बोला, “ बाबू जी आप परेशान ना हों, मैं कुछ ज्यादा नहीं

लेकिन थोड़े बहुत पैसे की व्यवस्था करता हूं" |

हरिया ने कहा, " अरे नाहीं दीपक... नाही, हम समझ सकत हैं कि सहर में कित्ती महंगाई है, हर चीज तो तुम लोग बाहर से लात हो, कोनो बात नाहीं है, हम देखत हैं, दिनेश के पास जाएंगे, का मालूम कुछ व्यवस्था हो जाए" |

दीपक ने कहा, " नहीं बाबू जी, अभी जब तक आप रुके हैं, उतने दिनों में मैं थोड़े पैसों की व्यवस्था कर दूंगा" |

हरिया ने उसका हाथ पकड़ते हुये कहा, " काहे परेसान हो, हम तो ऐसे ही बात कह दिए, अब बहू ने ठीक ही तो कहा था कि फिजूलखर्ची की का जरूरत है, तुम परेसान ना हो, बस हमका सवेरे वाली गाड़ी पर बिठाय आना, जल्दी-जल्दी दिनेश के पास भी हो लें फिर गांव निकल जाए, वहां तुम्हारी चाची और बहू परेसान हो जावेगी" |

दीपक हरिया की बात सुनकर थोड़ा सा दुखी हो गया लेकिन जाकर सो गया | अगले दिन जब वो सुबह उठा तो देखा कि दोनों जाने के लिए बिल्कुल तैयार थे, उसने बाबू जी से रुकने के लिए कहा लेकिन हरिया तो मन बना चुका था लेकिन बहू ने रुकने के लिए एक बार भी नही कहा और जाते समय उदास आवाज मे बोली, " बाबूजी आते रहा करिये, आप आये तो बडा अच्छा लगा, भगवान आपको खुश रखे" |

हरिया ने भी उसे आशिर्वाद देते हुये वहां से विदा ले ली |

दीपक जाकर उन्हें स्टेशन छोड़ आया और जाते समय हरिया को तीन हजार रुपये देते हुये बोला,

" ये रख लो बाबूजी, अभी सिर्फ इतने ही थे, बाद में फिर भिजवा दूंगा, अच्छा गप्पू, मजे कर....." |

ये कहकर गप्पू को चॉकलेट देते हुए दीपक वहां से चला गया |

हरिया की आंखों में आज आंसू थे, यह सोच कर कि जिस बच्चे को पढ़ाने लिखाने के लिए हरिया ने अपने खेत बेच दिए, आज उसी की पत्नी को लग रहा था कि उसका बाप फिजूलखर्ची करता है, जबकि वह दोनों कितनी फिजूलखर्ची कर रहे थे, ये वो अपनी आंखों से देख चुका था, खैर यह तो दुनिया है... कौन किसका होता है, यह सब बातें सोच कर हरिया गाड़ी में बैठ गया और दिल्ली आ गया, अपने बड़े लड़के दिनेश के पास |

दिनेश को देखते ही गप्पू उसके पैरों से लिपट गया और बोला, " बापू... बापू... बापू... बापू कित्ती दूर रहते हो तुम"?

दिनेश ने हंसते हुए कहा, " अच्छा.... हां ये तो सांची कही तुमने गप्पू, दूर तो हम रहत हैं" |

दिनेश ने गप्पू को गोद में उठाकर गले लगा लिया और हरिया के पैर छूकर कहा, " बापू... ऐसे अचानक घर पर सब ठीक तो है ना"?

हरिया ने कहा, " हां...हां... सब ठीक है बेटा.... इत्ते दिन हो गए थे,अब तोका तो काम से फुरसत ना मिली तो हमने सोचा अबकी बार हम ही टहल आयें, ई गपुआ को भी तुमसे मिलवाई दें, दीपक के पास से आ रहे हैं" |

दिनेश ने हंसते हुए पूछा, " कईसा है दीपक और उसके बीवी बच्चे" |

हरिया ने भी मुस्कुराते हुए जवाब दिया, " सब ठीक हैं, मजे मा हैं, तू अपना सुना, अरे कभी-कभी बहू का हाल भी ले लिया कर, हमेसा तोका याद करत रहत है" |

यह सुनकर दिनेश शर्मा गया और बोला, " का बाबूजी, तुम आराम करो, हम तुम्हारे लिये कुछ बनाते हैं" |

यह कहकर दिनेश ने बापू के लिए चाय नाश्ता बनाया | गप्पू तो अपने पिता से मिलकर इतना खुश था जैसे उसको सारा जहां मिल गया हो | रात में तीनों ने मिलकर खाना खाया और लेट कर बातें करने लगे |

दिनेश ने कहा, " बाबूजी....तुम अईसे अचानक यहां.... घर पर सही में सब ठीक ही है ना" |

हरिया ने न चाहते हुए दिनेश से भी वही बात कही जो उसने दीपक से कही थी हालांकि हरिया जानता था कि दिनेश की नौकरी दीपक की जैसी अच्छी नहीं है और दिनेश हर महीने कुछ पैसे खर्चे के लिए भेजता है, ज्यादा बचत करने के कारण ही दिनेश अपनी पत्नी और बच्चों को अपने साथ नहीं रखता था क्योंकि पत्नी और बच्चों को अगर साथ में रखेगा तो शहर में और ज्यादा खर्चा होगा, ऐसे में ना चाहते हुए भी हरिया ने भैंस वाली बात उससे कह दी |

दिनेश ने हंसते हुए कहा, " अरे बाबू जी तुम काहे परेशान हो, ई गपुआ तो आज भैंस मांग रहा है, कल कुछ और मांगेगा, तब का करेंगे, तुम परेशान ना हो, मैं रुपए का जुगाड करता हूं लेकिन अभी कर पाना थोड़ा मुश्किल है, आगे चलकर भैंस का बाबूजी, सब कुछ धीरे-धीरे आ जाएगा, तुम बस खुश रहो" |

दिनेश की बातें सुनकर हरिया की आंखों में आंसू आ गए |

उसने कहा, “ भगवान तुम्हें लंबी उमर दे बेटा, तुम लोग खुस रहो, हमार घर परिवार मा खुसी बनी रहे, बस और हमका का चाही” |

दोनों बाप बेटे यूंही बातें करते करते सो गए |

23

रणबीर की शादी

इधर रणबीर और सीमा की शादी के कुछ ही दिन बचे थे, चारों और खुशियों का माहौल था, दोनों परिवारों में शादी की रस्में धीरे धीरे शुरू होने लगी थीं | रणबीर सीमा को इतना प्यार करता कि शादी में इस्तेमाल होने वाली एक एक चीज सीमा पूछ कर मंगवा रहा था वो उसके लिए न जाने कितनी तैयारियां कर रहा था, जैसे उसे बरसों से जानता हो | दोनों ने हनीमून के लिए टिकट भी बुक करा ली थी, अब तो जैसे सारे जहां की खुशियां उसकी जिंदगी में आ गई थी |

अभी चार दिन पहले ही रणबीर ने अपने दिल्ली और मुंबई दोनों जगह के ऑफिस और फैक्ट्रीज में, कंपनियों में सभी को डिजिटल कार्ड भेज दिया, जिसे देखकर सभी लोग एकदम बौंचक्के रह गए, किसी को यकीन ही नहीं हो रहा था कि रणबीर सर इतनी सिंपल और मिडिल क्लास लड़की से शादी कर लेंगे | सब सीमा की किस्मत की दाद दे रहे थे और आहें भर रहे थे | हर्ष और रुद्र भी बिल्कुल विश्वास नहीं कर पा रहे थे कि भला दोनों की शादी कैसे फिक्स हो गई |

एक दिन ऑफिस में हर्ष, रुद्र और मदन बैठे कैंटीन में बातें कर रहे थे तभी रुद्र ने कहा, " सच में यार, मुझे तो पहले से ही शक हो रहा था कि यह सीमा का किसी ना किसी के साथ तो चक्कर है" |

इस पर हर्ष ने समोसा खाते हुए कहा, " हां यह तो बात सही है लेकिन हमें क्या पता था हमारे बॉस के साथ ही, उसका चक्कर है" |

ये कहते हुये उन्होंने मदन की ओर देखा और कहा, " तुम्हें क्या लगता है यार"?

मदन ने हंसते हुए कहा, " अरे भैया.... मुझे भला क्या लगेगा? मैं छोटे कस्बे का आदमी, मुझे यह बड़ी-बड़ी बातों से क्या लेना देना, मुझे तो इस बात की खुशी है हमारे बॉस की शादी है और हमें एक अच्छी सी पार्टी मिलेगी" |

यह सुनकर हर्ष और रुद्र ठहाके मार के हंस पड़े और बोले, " वाह रे मदन... बात तो तुमने एकदम ठीक कही है और हमें भला उससे क्या मतलब कि हमारे बॉस ने किससे शादी की किससे नही, हमें तो बस पार्टी से मतलब है और वो भी ऐसी पार्टी जो आजतक हमने देखी नही होगी, फिलहाल तू बता तेरे घर में सब ठीक है, और जानकी के लिये कोई लडका मिला या नही"?

मदन ने कहा, " घर पर सब बढिया है भैया, ये सब तो आप दोनों के कारण ही हो पाया है, बहन के लिए लड़का देख लिया गया है, उसी के लिये अब ज्यादा से ज्यादा बचत कर रहा हूं, बस अब किसी दिन शादी की तारीख निकलने ही वाली है, इसीलिये तो अब तक घर नही गया, सोच रहा हूं कि अब ठीक ठाक बचत कर लूं और शादी के पहले ही जाऊं, सर्दियों तक उम्मीद है कि शादी हो जायेगी" |

मदन की बात सुनकर हर्ष ने कहा, " परेशान क्यों होता है यार, अभी तो कई महीने है सर्दी के, तब तक बचत भी हो जायेगी और शादी भी, तू परेशान मत हो और रही बात पैसे की तो हमें भी बताना, हम भी चलेंगे शादी में, आखिरकार हमारी भी बहन है वह, हमसे जो मदद बन पड़ेगी करेंगे" |

यह सुनकर मदन खुश होकर बोला, " अरे भैया आप लोगों ने इतना किया यही बहुत है, रही बात घर चलने की तो आप ही का घर है कभी भी चाहिए चलिए" |

यह सुनकर दोनों खुश हो गये और बोले, " चलो.... पहले बॉस की शादी निपटा दें फिर बहन की शादी" |

ये कहकर तीनों अपने काम में जुट गये और आखिरकार देखते देखते वह

दिन भी आ गया जब रणबीर और सीमा की शादी होनी थी |

रणबीर और उसका परिवार एक हफ्ता पहले अपने दिल्ली के फॉर्म हाउस पर आ गए और वही उन्होंने शादी का सारा प्रोग्राम रखा | सीमा और उसके घरवालों को भी कोई चिंता नही थी क्युंकि सारे इंत्ज़ाम रणबीर ही कर रहा था, इसलिये वो लोग भी उसी फार्म हॉउस पर आ गये थे | पूरे एरिया को दो दिन पहले ही दुल्हन की तरह सजा दिया गया | इस शादी में जिन लोगों को बुलाया गया था वो खुद को बडा लकी मान रहे थे | शादी की रस्म के दौरान बस कुछ खास लोगों को ही आने की इजाजत थी, कुछ बड़े लोग कुछ रिश्तेदार और ऑफिस के ऐसे कुछ लोग जो शादी का काम देख सके जिनमें हर्ष और रुद्र भी थे | मदन को बिजली का सारा काम देखने के लिये दिन रात फॉर्म हॉउस पे ही रुकना था |

रणबीर पैसों के अलावा दिल से भी बड़ा था इसलिए उसने आज शादी के दिन दिल्ली के कई इलाकों में अपनी कंपनियों के बाहर गरीबों के लिए भंडारा करवाया जो पूरे दिन चलता रहा ताकि कोई गरीब उसकी शादी के दिन भूखा ना रहे | जो गरीब खाना खाता वो उसे दुआ देकर जाता | सब उसकी वाह-वाह कर रहे थे, हर्ष रुद्र और मदन तीनों दौड़ दौड़ कर सब काम कर रहे थे बल्कि वो ही क्युं खुद रणबीर भी न जाने कितने काम देख रहा था |

रुद्र और हर्ष को कुछ सामान लेने के लिए रणबीर के पिता जी ने बाहर भेज दिया और वो दोनों बाजार आ गये |

इधर हरिया ने भी अब कई दिन रुककर दिनेश से विदा ले ली | दिनेश ने हरिया को सात हजार रुपये देते हुए कहा, " बाबू जी, अभी बस इत्ते से काम चला लो और यह भैंस खरीदने के लिए नहीं, तुम्हारे खर्चे के लिए हैं, बाकी चिंता ना करो, भैंस भी जल्दी ले लेंगे, मैं दिन-रात अबकी बार नाइट शिफ्ट भी लगा लूंगा, वैसे भी यहां पड़ा पड़ा करूंगा क्या और रात की ड्युटी में भी थोड़ा बहुत सोने को मिल जात है, जल्दी ही भैंस लेकर दूंगा तुम्हे" |

यह सुनकर हरिया की आंखों में आंसू आ गए और वह बोला, " अरे बच्चा.... तुम इत्ती मेहनत ना करो, जो बीमार हो जावो, सब समय होत आ जावेगा, काहे चिंता करत हो, अच्छा अब तुम काम पर जाओ, हम लोग चले जावेंगे" |

यह कहकर उसने हरिया को गले लगाया और वहां से चल दिया | दिनेश से जितना हो सका उसने किया था लेकिन उसके बावजूद भी हरिया का मन दुखी था इसलिए नहीं कि उसके लडके उतनी मदद नहीं कर पाए जितनी उसको उम्मीद थी, वह बस इसलिए दुखी था कि उसके पोते की मन की बात पूरी नहीं हो पाएगी और उसके लडके को दिन रात काम करना पडेगा |

तभी एक जगह कुछ भीड़ देखकर गप्पू ने कहा, " बाबा.... बाबा.... ऊ देखो वहां कित्ती भीड़ है, लागत है कुछ हुओ है" |

हरिया ने नजर डाली तो देखा भंडारा लगा हुआ था, जब गप्पू ये जाना तो बोला, " बाबा..... हमका भी खाना है पूरी आलू....." |

हरिया ने गप्पू की बात नही टाली और कहा, " चल मोरे लाल अभी खिलावत है तुमका" |

ये वही भंडारा था जो रणबीर चलवा रहा था | हरिया ने जाकर पेट भर कर गप्पू को पूरी आलू खिलाया और गप्पू की जिद पर खुद भी खाया, उसने एक डब्बे में पूरी आलू सफर के लिए भी रखवा लिये और कहा,

" भगवान करे भंडारा करान वाले को हमेशा खुस रखे" |

ये कहकर वो गप्पू के साथ स्टेशन जाने लगा |

समय अभी बहुत था और स्टेशन ज्यादा दूर न होने की वजह से वो रिक्शा करने की बजाय पैदल ही जाने लगा ताकि किराए के पैसे बच सकें |

24

खुशहाल जिंदगी

हरिया और गप्पू दोनों पैदल ही चलते जा रहे थे, सूरज की चिलचिली धूप और वाहनों की गर्मी उसके सिर को चीर रही थी, पसीने से उसका सारा कुर्ता गीला हो चुका था और सबसे बड़ी बात तो यह थी कि उसका मन बहुत चिंतित था, गप्पू भी शहर के हाव भाव देखते हुये उसके साथ इस गर्मी में चलता चला जा रहा था, हरिया के मन में विचारों का एक बवंडर उमड रहा था, जिसकी वजह से उसका सिर चकरा गया और वह चलते चलते बीच रोड पर एक गाड़ी के सामने गिर गया, बाबा को रोड पर गिरते देख गप्पू जोर जोर से रोने लगा, " बाबा....उठो बाबा.... उठो.....का हुआ बाबा तुमका, उठो बाबा..... उठो" |

इत्तेफाक की बात यह थी कि जिस गाड़ी के सामने हरिया गिरा था उसमें हर्ष और रुद्र थे, दोनों हाथ बढ़ाकर गाड़ी से बाहर निकले और हरिया को उठाकर छांव में ले आये, हरिया को अभी भी होश नहीं आ रहा था, देखते देखते वहां भीड़ लग गई और गप्पू लगातार रोये जा रहा था, " बाबा.... बाबा....उठो...घर चलो, हमका भैंस नाहीं चाही, हमका मिठाई नाही चाही, अब हम कछु ना मंगिहें बाबा..... तुम उठ जाऊ, घर चलो बाबा....अम्मा के पास चलो..... अम्मा के पास चलो, हमका कछु ना चाही" |

वो बार बार यही कह कह कर फूट-फूट कर रोने लगा, हर कोई उसे देख दुखी हो जाता लेकिन अगले ही पल वहां से चला जाता | हर्ष और रुद्र में उनके ऊपर पानी डाला तो उसे होश आया |

हर्ष ने घबराते हुये कहा, " बाबा..... आप ठीक तो हो"?

हरिया ने घबराते हुये कहा, " हां बेटा हां....हम ठीक हैं, हमार पोता कहां है? गप्पू....." |

गप्पू उसके पास ही बैठा था जो ये सुनते ही अपने बाबा से लिपट कर जोर जोर से रोने लगा |

रुद्र ने कहा, " चलो बाबा अस्पताल चलो, हम आपको ले चलते हैं" |

ये सुनकर हरिया ने कहा, " ना बेटा ना....हमका कोई परेशानी नाहीं है, बस ऊ गर्मी ज्यादा हुई, इसे कारण थोड़ा दिमाग चकरा गौ" |

यह कहकर हरिया उठने लगा तो रुद्र और हर्ष ने फिर कहा, " नहीं, नहीं.... बाबा.... हम आप को अस्पताल ले चलते हैं" |

हरिया ये सुनकर और घबरा गया और उसने दोनों के हाथ जोड़े और कहा, " बेटा हमका अपने घर जान दो, हमारी गाडी का समय हो रहा है, हम कतई सही हैं, तुम दोनों का भला हो, भगवान तुम दोनों का बहुत सुखी रखे" |

ये सुनकर दोनों आपस में बात करने लगे और देखते देखते वहां पर लगी भीड भी बिल्कुल गायब हो गई कि तभी वहां से रणबीर अपने फॉर्म हाउस जा रहा था लेकिन उन दोनों को देखकर वो रुक गया और कार से बाहर निकला | जब वह इन दोनों के पास आया तो देखा हर्ष को रुद्र हरिया को कुछ पैसे दे रहे थे कि वो आराम से अपने घर जाएं और आराम करें जाकर |

यह देख रणबीर ने कहा, " अरे हर्ष और रुद्र आखिर ये क्या चल रहा है? तुम दोनों यहां? शादी का कोई काम धाम नहीं करना है क्या जो यहां बैठे हो और यह कौन है"?

हर्ष रुद्र ने रणबीर को देखा तो थोडा घबरा गये लेकिन उन्होने उसे पूरी बात बताई और यह भी कहा यह बाबा बहुत परेशान है, शायद इन्हें भैंस लेनी है, यह बच्चा अभी रो रो के कह रहा था जब यह बेहोश थे |

उनकी बात सुनकर रणबीर को उन पर दुख लग आया |

उसने हरिया के कंधे पर हांथ रखा और कहा, " अरे बाबा आप परेशान ना हो, आपकी भैंस जरूर आएगी क्यों बेटा.....अब तुम अपने घर जाओ और भैंस का दूध पियो जाकर" |

यह कहकर रणबीर ने कार से पचास हजार रुपये निकाले और हरिया को देने लगे लेकिन उसने ये रुपये लेने से इंकार कर दिया तो हर्ष ने उसे समझाया और कहा, " बाबा ये हमारे बॉस हैं, जो सबकी मदद करते हैं, ये बहुत बड़े आदमी हैं और तो और आज इनकी शादी है इसीलिये ये गरीबों के लिये भंडारा करवा रहे हैं" |

ये सुनकर हरिया ने वो रुपये ले लिये और कहा, " भगवान तुम्हें लंबी उम्र दे और तुम्हारी शादीशुदा जिंदगी खुशहाल रहे" |

रणबीर ने कहा, " बस बाबा आपका आशीर्वाद चाहिए, भगवान ने मुझे इतना बडा आदमी बनाया है शायद इसीलिए कि मैं परेशान और दुखी लोगों की मदद कर सकूं और वैसे भी आज हमारी शादी है, हमारी शादी के जैसे खुशहाल मौके पर कोई दुखी रहे तो ऐसा तो मैं नहीं होने दूंगा" |

यह सुनकर उसने गप्पू के सर पर हाथ फेरा और कहा, " जाओ बेटा फटाफट घर जाओ.....रुद्र, हर्ष बाबा को कार में बिठाकर स्टेशन तक छोड़

आओ और उसके बाद तुम लोग सीधा फॉर्म हाउस आओ" |

यह कहकर रणबीर वहां से चला गया | हर्ष रुद्र ने हरिया को ट्रेन में बिठा दिया | हरिया इन दोनों को भी लाख दुआयें देता रहा, अब वो इतना खुश था कि उसने गप्पू को सीने से लगा लिया जो बिचारा रो रो कर अपना हाल बुरा कर चुका था | हर्ष और रुद्र भी वापिस फॉर्म हाउस चले गये |

दिन धीरे धीरे ढल रहा था और इंतजार की घडियां जैसे रुक सी गई थीं | चारों ओर रोशनी थी जैसे आसमान के सारे तारे आज जमीन पर उतर आये हों, ऐसा लग रहा था जैसे पूरा शहर जैसे दिवाली मना रहा हो, धीरे धीरे सारे मेहमान आ चुके थे, अब हर किसी को दुल्हे दुल्हन का इंतजार था और तभी दोनो एक दूसरे का हांथ थामे सबके सामने आये | आज दोनों के चेहरे पर जो खुशी थी वो अनमोल थी और दोनों की जोडी तो जैसे.....उनकी तारीफ के लिये ऐसे कोई शब्द ही नही बने थे | हर कोई बस एक टक दोनों को देख रहा था |

शादी की रस्में शुरू हो चुकीं थीं | दोनों एक दूसरे का हांथ थामे बैठे थे और पंडित जी मंत्र पढे जा रहे थे, हर्ष और रुद्र उन्हे देखकर एक दूसरे को देख रहे थे और सोच रहे थे कि कब उनकी भी जिन्दगी में ऐसा दिन आयेगा | मदन बार बार सीमा को देख रहा था शायद वो अपनी बहन जानकी को भी ऐसे ही किसी राजकुमार के साथ फेरे लेते हुये देखने का सपना देख रहा था |

आज रणबीर और सीमा दोनों हमेशा के लिये एक दूसरे के हो गए | शादी में सबने खूब मजे किये खासकर हर्ष रुद्र और मदन ने | पार्टी काफी रात तक चलती रही, सबने खूब इस ग्रांड शादी में फोटो खींची, रणबीर और सीमा ने भी डांस किया और फिर सब उन्हे शादी की शुभकामनाएं देकर अपने अपने घर जाने लगे |

अब हर्ष और रुद्र ने भी दोनों को शुभकामनायें दी और जाने लगे |

हर्ष ने कहा, "अरे रुद्र मदन कहां है? उसे भी अपने साथ में ले चलते हैं, रास्ते में उसके घर ड्रॉप कर देंगे", तभी मदन ने आवाज दी और कहा, " तुम लोग जाओ, मुझे यहां बहुत काम है, मैं सब निपटा कर ही आऊंगा, और वैसे भी लाइट की जिम्मेदारी मेरी है, तुम लोग जाओ और हां ठीक से जाना" |

ये सुनकर दोनों वहां से अपने घर के लिये निकल पडे, दोनो नशे में थे लेकिन आज बहुत खुश थे |

25
सब ठीक है

हर्ष और रुद्र दोनों घर आकर सो गए क्योंकि अगले दिन रणबीर ने शादी की खुशी में पूरे ऑफिस की छुट्टी कर रखी थी इसलिये सुबह ऑफिस जाने की कोई टेंशन नहीं थी |

रात के करीब तीन बजे रुद्र को कई बार उल्टियां होने लगीं, वह परेशान हो गया लेकिन उसने हर्ष को जगाना ठीक नहीं समझा, हर्ष भी नशे में था इसलिए वह जाग ना सका और धीरे-धीरे रात बीत गई | सुबह जब हर्ष उठा तो उसने रुद्र को उठाने की कोशिश की लेकिन रुद्र को तेज बुखार था |

हर्ष ने गुस्साते हुये कहा, " ये क्या बात है, तुम्हे इतनी तेज बुखार है और तुमने मुझे जगाया भी नही, तुम फटाफट उठो, पहले डॉक्टर को दिखाओ चलकर" |

रुद्र ने हंसते हुये कहा, " अरे यार इतना क्युं चिल्ला रहे हो, मुझे खुद ही नही पता था कि मुझे बुखार है, सारी रात तो सोता रहा आराम से, अब बस सिर हल्का भारी है" |

रुद्र ने झूठ बोला ताकि हर्ष ज्यादा परेशान न हो, जबकि उसका सिर दर्द से फ़टा जा रहा था |

हर्ष ने गुस्से में कहा, " मैंने तुम्हें कितनी बार मना किया है कि ज्यादा ड्रिंक मत किया करो, तुम्हें सूट नहीं करती, जरूर तुम्हारा लीवर फैटी हो रहा होगा इसीलिए तुम्हें डाइजेस्ट नहीं हो रहा और फीवर भी है, तुम अपनी बकवास मत करो और फटाफट हांथ मुंह धोकर तैयार हो जाओ" |

रुद्र ने कहा, " यार ऐसे क्युं बोल रहे हो, तुम मेरे पीने पर कितनी बकवास करते हो, कहां पीता हूं यार, और कल तो मैंने सिर्फ दो पेग लिये थे, वो भी तुम सबके इतना कहने के बाद पी थी और तुम हो कि बस.....सोया भी तो नही, इस वजह से और सिर भारी है" |

हर्ष ने उसकी बात काटते हुये कहा, " हां..हां......चलो ठीक है, वह सब छोड़ो... अब फटाफट उठ जाओ और डॉक्टर के पास चलो |

इस बार हर्ष थोडा गुस्से में बोला |

रुद्र ने हंसते हुए कहा, " ठीक है भाई, ठीक है, मैं डॉक्टर को भी दिखा आऊंगा लेकिन अभी कुछ नहीं हुआ मुझे, मैं ठीक हूं... मैंने पैन किलर ले ली है, तुम मेरे लिए फटाफट कुछ नाश्ता बनाओ, बस सुनाये जा रहे हो जब से उठे हो, ये नही कि कुछ अच्छा सा नाश्ता बना लेते अब तक" |

उसकी बात सुनकर हर्ष मुस्कुराते हुये नाश्ता बनाने लगा | रुद्र उठकर बेड पर बैठ गया और बोला,

" मैं ना.... सोच रहा हूं कि दो तीन दिन की छुट्टी ले लूं" |

इस पर हर्ष ने हंसते हुए कहा, " अच्छा.... मतलब हनीमून पर तो रणबीर सर और सीमा मैडम गए हैं और छुट्टी तुम्हें चाहिए क्यों भला.... तेरे पास डॉक्टर के पास जाने का समय नही है और छुट्टी चाहिये, भाई तबीयत तो ठीक है ना तेरी" |

रुद्र ने किचेन मे आकर कहा, " तबीयत तो ठीक है सासू मां......बस कुछ रेस्ट करना चाहता हूं और वैसे भी तुम घर की हालत देख रहे हो कितनी बेकार है, हम जब से शिफ्ट हुए हैं तब से एक दिन की भी फुर्सत नहीं मिली, ये सब करने के लिए एक संडे मिलता है वह भी खाने पीने में चला जाता है" |

हर्ष ने रुद्र को नाश्ता देते हुए कहा, " हां तो ठीक है, मैं भी छुट्टी कर लेता हूं, तुम अकेले ये सब कैसे करोगे"?

रुद्र ने नाश्ता करते हुये कहा, " नहीं यार तुम छुट्टी मत करना, वर्ना मैनेजर कहेगा कि दोनों ने एक साथ छुट्टी मार ली और वैसे भी रणबीर सर और वो सीमा जब तक दोनों यूरोप में अपना हनीमून मनाकर नही लौटते तब तक तुम छुट्टी मत करना, वरना वो सीमा तो वैसे भी हमे नापसन्द करती है, अब तो वो बॉस बन गई, आते ही सुनायेगी" |

हर्ष ने बात करते करते रुद्र के माथे पर हांथ रखा और कहा, " मुझे तुम्हारी तबीयत ठीक नहीं लग रही यार, चलो ना दिखा कर आते हैं" |

रुद्र ने भी कहा, " हां ठीक है चलो, नाश्ता करके चलते हैं" | ये कहकर दोनों बालकनी में बैठकर नाश्ता करने लगे |

दोनों दोपहर में डॉकटर के पास गये तो उन्होने रुद्र का चेकअप किया और कुछ ब्लड टेस्ट लिख दिये, उन्होने कहा, " देखिये फिलहाल तो घबराने की कोई बात नही है, लेकिन आप अपने डेली रूटीन मे थोडा बदलाव कीजिये और हो सके तो शराब पीना बिल्कुल ही छोड दीजिये बाकी बातें मैं ब्लड रिपोर्ट आने पे ही बता पाऊंगा" |

उन्होने कुछ दवायें लिख दीं जिन्हे लेकर, दोनों घर आ गये |

अगले दिन हर्ष सुबह ऑफिस जाते हुये बोला, " मैं आते समय तुम्हारी रिपोर्ट लेता आऊंगा, तुम मत जाना और हां दवा लेकर आराम करना, साफ सफाई तो बाद में भी हो जायेगी" |

ये कहकर वो चला गया, रुद्र दवा खाकर सो गया, उसे अब अपनी चिंता होने लगी थी, लेकिन हर्ष को भी कोई सुकून नही था, वो दिन भर बस रुद्र के बारे में सोचता रहा और शाम होते ही डॉक्टर के पास गया |

डॉक्टर ने बताया कि, " घबराने की कोई बात नही है, बस कमजोरी है, थोडी खून की कमी भी है, इसलिये इन्हे बार बार परेशानी होती है, आप बस दवायें समय पे देते रहिये और बाहर का खाना और शराब बिल्कुल बन्द कर दीजिये, बाकी सब ठीक है" |

ये सुनकर हर्ष की जान मे जान आई और उसने मन ही मन कहा, " भगवान का बहुत बहुत आभार है कि सब ठीक है" |

मुझे तो बडी घबराहट हो रही थी |

घर जाकर हर्ष ने रुद्र को सारी बात बताई और खुश होकर कहा, " तुम बिल्कुल ठीक हो घबराने की कोई बात नही, सब ठीक है" |

" सब ठीक है..... ये शब्द कितना सुकून देता है" ये कहकर श्रवण ने किताब रख दी और मुस्कुराता हुआ ट्रेन की खिडकी से बाहर देखने लगा, उसे भी तो इस शब्द ने कितनी खुशी दी थी | खिडकी से बाहर सूरज की लाल रोशनी मानो कह रही हो कल फिर मिलेंगे, शाम धीरे धीरे अब अपने आखिरी पडाव पर पंहुच रही थी, उसने नजर घुमाकर एक बार फिर अपने कंपार्टमेंट मे देखा, सब अपनी धुन में मस्त थे, कोई चाय पी रहा था, कोई मूंगफली खा रहा था, तो कोई राजनीती पे बहेस किये जा रहा था |

वो फिर बाहर की ओर देखने लगा और अपने उन दिनों को याद करने लगा जब मीरा के साथ वो हंसी खुशी रह रहा था |

दोनों की शादी को अब दो साल हो चुके थे | एक दिन मीरा अचानक बेहोश होकर गिर गई तो वो बहुत घबरा गया था, मीरा जितनी देर मे होश मे आई उतनी सी देर मे उसने ना जाने क्या क्या सोच डाला, वैसे हमारा दिमाग भी अजीब है, ये अक्सर गलत चीजें जल्दी सोच लेता है और सही चीजें बाद में |

श्रवण मीरा को जब डॉक्टर के पास ले गया तो उसे ऐसा लग रहा था जैसे अगर मीरा को कुछ हो गया तो वो क्या करेगा, कैसे रहेगा? इस खयाल से ही वो अन्दर तक सहमा जा रहा था कि तभी अन्दर से डॉक्टर आईं और बोलीं, " घबराने की कोई बात नही, सब ठीक है और हां मिस्टर श्रवण आप बाप बनने वाले हैं" |

डॉक्टर के ये शब्द कहने को तो शब्द थे लेकिन उसके लिये जैसे किसी ने सूखे तिनके को हरा कर दिया हो, किसी मरते इंसान को प्राण मिल गयें हों | उसने ये सुनते ही मीरा को गले लगा लिया, मीरा शर्मा गई, दोनों को देख डॉक्टर ने कहा, " अरे बस..बस....आप अब इनका पूरा ध्यान रखिये और हां कोई भारी काम मत करियेगा, कोई भी परेशानी हो तो तुरंत दिखाइयेगा और खाने पीने का विशेष ध्यान रखियेगा" |

दोनों ने भगवान को बहुत बार धन्यवाद किया |

26

अपनी नई दुनिया

अब श्रवण काम से जल्दी फुरसत निकाल कर आ जाता और मीरा के साथ ज्यादा समय बिताता, मीरा भी अपनी किस्मत पे खुश होती कि उसे ऐसा पती मिला और जिन्दगी खुशी से कटने लगी |

एक दिन मीरा ने श्रवण से कहा, " सुनो, मै सोच रही थी कि हमे अपने घर वालों को ये खुशखबरी देनी चाहिये कि मैं मां बनने वाली हूं, मैने सुना है कि बेटे बहू से प्यारे पोती पोते होते हैं" |

श्रवण ने मीरा की बात सुनकर एक फीकी सी मुस्कान के साथ कहा, " क्या मीरा तुम भी ना बच्चों जैसी बातें करती हो, मेरे तो मेरे तुम्हारे घरवालों में से भी किसी ने हम जिन्दा हैं या मर गये ये जानने की कोशिश नही की और रही बात ये बात बताने की तो मैने पहले भी तुम्हारी बात मानकर एक कोशिश की थी ना, जिस दिन हमने शादी की थी, मैने तुम्हारे और मेरे दोनों के घरवालों को बताया था कि हम ठीक हैं, खुश हैं और शादी कर चुके हैं, लेकिन उसके बाद क्या हुआ था, दोनों के घरवालों

ने एक ही बात बोली थी कि हम अब उनके लिये मर चुके हैं और मरे हुये लोगों की कोई कदर नही होती, ये तो समझती हो ना" |

उसकी बात सुनकर मीरा चुप हो गई और बोली, " लेकिन बच्चा होने की बात अलग......." वो बस इतना ही कह पाई कि श्रवण ने गुस्साते हुये कहा, " तो कर लो अपने मन की, वैसे भी तुम्हे मेरी बात कभी सुननी नही होती, जब अपनी मर्जी की ही करनी है तो पूछती क्युं हो? तुम्हारा जो मन हो करो लेकिन मैं किसी को फोन करने वाला नही, तुम्हे करना है तो करो" |

ये कहकर वो दूसरे कमरे में चला गया | मीरा वहीं बैठी कुछ सोचती रही |

धीरे धीरे दिन करीब आने लगे और फिर एक दिन मीरा को प्रसव पीडा होने लगी, श्रवन बहुत घबराया हुआ था, आज उसे लगा कि काश मां पास होती तो कितना सहारा होता |

वो मीरा को अस्पताल ले गया और भगवान से प्रार्थना करने लगा कि सब कुछ ठीक हो, कुछ देर बाद एक नर्स दौडी आयी और उसने उसे बताया कि वो एक बेटे का बाप बन गया है |

श्रवण की आंखों मे खुशी के आंसू थे, वो जल्दी से मीरा के पास गया और उसका माथा चूमकर बोला, " तुमने आज मुझे फिर से एक नई जिन्दगी

दी है मीरा, सच में अब हमारा परिवार पूरा हो गया, अब हमे किसी और की जरूरत नही" |

दोनों ने अपने इस प्यारे से बच्चे का नाम श्रेयांश रखा, अब मीरा और श्रवण अपनी पुरानी जिन्दगी को भूल चुके थे और अपने इस प्यारे से बच्चे के साथ एक नई दुनिया मे खोये रहते, दिन भर वो अपनी प्यारी सी शैतानियों से दोनों को हंसाता रहता |

श्रवण को भी अब अपने ऑफिस में प्रमोशन मिल गया था जिससे दोनों की जिन्दगी की गाडी और तेज चलने लगी थी |

" अरे भैया लाइट बंद कर दो, तुम्हें नहीं सोना तो क्या हमारी तो समझो, ये लाइट मुंह पर ही लग रही है" |

ये आवाज सुनकर श्रवन उन यादों के गलियारे से बाहर निकला, वो कुछ कहता तभी दूसरा आदमी बोला, " अरे क्या रे.... यह लाइट भी बंद हो जाएगी तो पूरी ट्रेन में डिब्बे में अंधेरा नहीं हो जाएगा, एक लाइट तो खुली रखनी चाहिए" |

श्रवण को उस दूसरे आदमी की बात अच्छी लगी और उसको कोई जवाब देना नहीं पड़ा लेकिन फिर भी श्रवण ने कहा, " हां.. हां.. भाई बिल्कुल,

अगर पूरा अंधेरा होगा तो चोरी होने का डर रहता है और वैसे भी मैं अपनी पढ़ाई कर रहा हूं" |

इस पर वह आदमी बोला, " अच्छा... अच्छा... भाई ठीक है, ध्यान रखना, पढो...पढना तो अच्छी बात है, आजकल कहां लोग पढते हैं, बस मोबाइल चलाते हैं, इसी बहाने आप जरा हम लोगों के सामान पर भी नजर रखना" |

श्रवण ने मुस्कुराते हुये कहा, " जी.. जी.. बिल्कुल रखूंगा" |

यह कहकर श्रवण उठ कर बैठ गया, और बाहर देखने लगा, बाहर बिल्कुल अन्धेरा था, हालांकि अभी सिर्फ सात बजे थे, लेकिन सर्दी और कोहरे के कारण एक दम सन्नाटा था और सब गहरी नींद में सोए हुए थे |

ट्रेन तेज रफ्तार में दौडती जा रही थी |

श्रवण ने अपने मुंह पर हांथ फेरा, श्रेयांश का मुस्कुराता चेहरा उसके सामने आ गया, उसने अपनी तेज हुई धडकनों को शांत करते हुये फिर किताब उठाई और पढने लगा |

हरिया ने भी शहर से आकर भैंस खरीद ली और उसे घर ले आया, घर लाते ही पोते ने चिल्लाकर कहा, "अम्मा.. काली आ गई, अम्मा.. काली आ गई", बस फिर क्या था, उस भैंस का नाम ही पड़ गया काली, काली भी बड़ी खुश थी, मानो उसे एक अच्छा परिवार मिल गया हो |

चाची और बहू ने मिलकर जल्दी से काली के लिये बाहर पडे छप्पर के नीचे गोबर से लीप दिया और साफ सफाई कर दी | आज सारे लोग बहुत खुश थे तभी हरिया ने कहा,

"दीपक की अम्मा तुमका नाही पता लेकिन हमार काली कछु महीना मां बच्चा देन वाली है, ई खातिर सब लोग इका ध्यान रखना, फिर ई हम सब लोगन का ध्यान रखेगी | ये सुनकर पूरा घर काली के आने से और खुश हो गया |

अब हरिया के साथ साथ गप्पू भी काली का ध्यान रखता और कब उन सबका दिन कट जाता पता ही नही चलता |

एक दिन गप्पू जोर जोर से चिल्लाने लगा, " अम्मा.... अम्मा..... अरे देखो तो बापू आए हैं, बाबू आए हैं" |

यह कहकर गप्पू पूरे आंगन में नाचने लगा, चाची और गप्पू की मां भी दौड़ी-दौड़ी रसोई घर से बाहर आई तो देखा दिनेश आया हुआ था, जिसे देखकर दोनों खुश हो गईं |

गप्पू की मां के चेहरे पर एक खुशी की लहर दौड़ पड़ी दिनेश ने उसे देखकर गले लगाना चाहा लेकिन गांव में यह सब कर पाना बड़ा मुश्किल होता है | गप्पू की मां जल्दी-जल्दी अपने पति के लिए चाय पानी लाई और चाची उसका हाल पूछने लगी तभी खेत से हरिया और उसने बेटे को देख कर उसे गले लगा लिया |

दिनेश ने भैंस को देखा तो बड़े आश्चर्य से कहा, " बापू ई भैंस कैसे ले ली, हमने तो इत्ते पैसे नाहीं दिए थे" |

यह सुनकर हरिया हंसने लगा और उसने सबको पूरी बात बताई, दिनेश ने भी भगवान के हाथ जोड़े और कहा, " बड़े-बड़े लोगन का भी कोई भरोसा नाहीं है, कबहू तो गरीब आदमी का भी पेट काट लेत हैं तो कबहू गरीब की बड़ी मदद कर देत हैं, खैर जो भी है हमार तो भला हुआ | सब लोग रणबीर, रुद्र और हर्ष को दुआयें देने लगे |

27

अशुभ

दिनेश चार दिन की छुट्टी लेकर आया था, गप्पू की खुशी देखकर उसकी खुशी का भी ठिकाना नहीं रहा, गप्पू ने उसे बताया, " बापू.... बापू...ई हमार काली है, एका छोटा बच्चा होयेगा" | दिनेश गप्पू को गले लगाकर कहता है, " वाह ई तो बहुत खुसी की बात है" |

उसकी बात सुनकर उसकी पत्नी उसके पास आती है और कहती है, " चल अब जा बाबा के पास सो जाके, बापू को तनिक आराम तो करन दे" | गप्पू बाहर हरिया और चाची के पास भाग जाता है तो दिनेश पत्नी को गले लगा लेता है और कहता है, " का बात है, आज बडी चमक रही हो" ?

उसकी पत्नी शरमाते हुये कहती है, " जब पत्थर हीरा के तीर रखा होय, तो पत्थर भी चमक जात है" |

ये सुनकर वो उसे गले लगाकर प्यार करने लगता है तभी उसकी पत्नी बताती है कि, " ऊ सरकारी अस्पताल वाली ड्क्टराइन कहत हती कि अब हमार परेसानी खतम हुई गई है, अब हम फिर से......" |

उसके इतना कहते ही दिनेश के चेहरे पे चमक आ गई और वो बोला, " सांची कह रही हो या हमे रिझा रही हो" |

ये सुनकर उसकी पत्नी ने कहा, " धत्त......झूटी काहे कहेंगे" |

दोनों आपस में बात करते करते एक दूसरे के प्यार में डूब गये |

अगले दिन हरिया ने हरिया ने दिनेश से कहा, " हम सोचत हैं कि दुआरे ई छप्पर की जगह टीन डाल दें, ऊ का है कि बरसात आन वाली है और आंधी पानी में ई छ्प्पर उड सकत है, फिर बडी परेसानी हो जावेगी" |

ये सुनकर दिनेश ने कहा, " हां हां बापू काहे नही, अब काली की सेवा करो तुम खूब, काहे से काली की किसमत से तोका ऊ बाबू जी ने रकम जो दे दी है" |

हरिया ये सुनकर हंसने लगा | दोनों बाजार जाकर एक बडी सी टीन ले आये और घर के बाहर चबूतरे के ऊपर लगाने लगे | हरिया का पूरा परिवार बहुत ख़ुश था और काली तो जैसे सब समझ रही थी, आस पडोस

के लोग भी हरिया से कहते, " वाह चाचा.... तोहार लडका तो बडे अच्छे हैं, तोहार पूरो घर चमका दे रहे हैं, और तुहार ई भैंस तो कमाल की है भाई, एक बार ईका बच्चा हो जावे तो कम से कम पच्चीस लीटर दूध तो दिहे ये, फिर तो तुहार घर मा दूध दही बहन लगिहे" |

हरिया हंसते हुये कहता है, " अरे तुम काहे परेसान हो हरिसंकर, तुम्हारे लिये का मनाही है, तुम भी दूध दही ले लेना" |

दिनेश भी खुशी खुशी वापिस दिल्ली चला गया |

एक दिन चाची ने बहू से कहा, " अरी बहू, ऊ तोरि टूटी पायल दे, आज हम ऊ गांव से बाहर सहर के पास जो मेला लगा है, ऊ देखन जा रही हैं, तू भी चल, ऊ हरिसंकर की औरत मान ही ना रही, ऊका कुछ खरीदारी करनी है, तो कब से कहत है कि चाची चलो, चाची चलो, अब ना जावेंगे तो बुरो लागत है, चल तोहू चल मेला घूम आ" |

बहू ने अन्दर से टूटी पायल देते हुये कहा, " ना अम्मा, हम कहूं ना जा रहे, तुम गप्पू को संग ले जाओ" |

चाची ने कहा, " ना रे ना, ऊ सैतान गपुआ को हम अपने संग नाही ले जावेंगे, इत्ती भीड होत है, कहीं खो गौ तो हम का करिहें, ऊ अपने बाबा के

साथ मेला घूम आवेगा" |

ये कहकर चाची चली गईं |

मेला घूमकर चाची बहू की पायल बदलवाने के लिये एक दुकान पर गईं और पायल बदलवाने लगीं, वहीं एक सुन्दर लडकी अपने लिये अंगूठी देख रही थी, उसे कोई अंगूठी पसन्द नही आ रही थी तभी उसने दुकानदार से कहा, " क्या भैया कोई अच्छी सी अंगूठी दिखाओ, कोई काले नग की अंगूठी दिखाओ, ये सब तो बहुत पुराने रंग हैं" |

दुकानदार ने उसे काले नग की अंगूठी दिखाते हुये कहा, " ये लो बहन जी ये तो आपको जरूर पसन्द आयेगा" |

अंगूठी देखते ही वो लडकी खुश हो गई और उसे पहनकर देखने लगी, तभी चाची ने मुस्कुराते हुये कहा, " बिटिया, बहुत खुस हो का बात है"?

लडकी ने कहा, " हां अम्मा, वो क्या है हमारा ब्याह होने वाला है, घर मे मां है नही तो सारा काम खुद ही करना पडता है, कुछ सामान लेने आई थी तो सोचा एक रोज पहनने के लिये अंगूठी ले लूं, बहुत दिन से सोच रही थी लेकिन क्या करूं पैसे ही नही हो पाये" |

चाची ने ये सुनकर कहा, " का नाम है बिटिया तोहार"?

लडकी ने कहा, " जानकी नाम है मेरा" |

चाची ने कहा, " बिटिया, बुरा ना मानो तो एक बात बोली" |

जानकी ने कहा, " हां अम्मा बोलो" |

चाची ने कहा, " बिटिया ई काले नग की अंगूठी न लो और तोहार ब्याह भी होन वाला है, ई काला रंग सुभ काम मा नाही पहननो चाही, अपसगुन होत है" |

जानकी ये सुनकर परेशान हो गई और कुछ देर सोचकर बोली, " ठीक है अम्मा" |

ये कहकर उसने दूसरी अंगूठी ले ली और जाने लगी, जाते समय चाची ने उसे आशिर्वाद दिया और बोली, " सदा सुखी रहो, खूब फूलो फलो" |

चाची भी वहां से चली गईं लेकिन जानकी रास्ते भर उस काली अगूंठी के बारे में ही सोचती रही वो उसे इतनी ज्यादा पसंद जो थी तभी जानकी

वापिस दुकान की ओर जाने लगी और कहने लगी, " मैं ऐसा करूंगी वो अंगूठी शादी के बाद पहनूंगी, तो सही रहेगा और वैसे भी रंग से कुछ नही होता" |

ये कहकर उसने दुबारा दुकान पे जाकर वो अंगूठी खरीद ली और खुशी खुशी घर आ गई |

इतना पढकर श्रवण ने एक गहरी सांस ली, उसे अजीब सी बेचैनी सी होने लगी, उसके मन की कसमसाहट उसके चेहरे पर साफ दिख रही थी, उसने किताब रखी और अपना कंबल हटा कर ट्रेन के दरवाजे के पास खडा हो गया, हालांकि दरवाजा बन्द था, लेकिन फिर भी वो वहां खडा रहा, उसने घडी मे समय देखा तो नौ बज रहे थे तभी उसे याद आया कि उसने घर से निकलते समय बैग में दो सिगरेट डाली थीं , हालांकि उसे सिगरेट की लत नही थी लेकिन सफर के दौरान वो रख लेता था |

उसने जाकर अपने बैग़ से एक सिगरेट निकाली और वहीं दरवाजे के पास पीने लगा, सिगरेट पीते हुये उसे अपने कॉलेज के दोस्त की याद आ गयी जो अक्सर कहता था, " क्या यार जब भी तुझे ज्यादा टैंशन हो तो बस एक सिगरेट पी, इसके धुयें के साथ तेरी टैंशन भी फुर्र हो जायेगी" |

वो ये याद करके मुस्कुरा दिया और सोचने लगा कि उसे अभी तो कोई टैंशन नही है, फिर......???? कहानी पढ़ते-पढ़ते न जाने वह कब अपनी जिंदगी में नई उम्मीद जोड़ने लगा पता ही नहीं चला, ऐसा लग रहा था

कि उसकी जिंदगी में भी खुशियां बस आने ही वाली है, उससे रहा नहीं जा रहा था कि आगे क्या होगा? उसे न जाने क्युं अब एक अजीब सा डर लग रहा था, कहानी के सारे पात्र उसे अपने आस पास घूमते नजर आ रहे थे, तभी उसने सिगरेट खत्म की और कहा, "आगे सब अच्छा ही होगा"|

ये कहकर उसने फिर किताब उठा ली और आगे की कहानी पढने लगा |

28

इमप्लॉई ऑफ द ईयर

रणबीर और सीमा हनीमून से वापिस आकर अपनी जिंदगी आराम से बिताने लगे, सीमा रणबीर के साथ ही मुंबई मे रहने लगी | सब कुछ आराम से चल रहा था |

मदन भी ये सोचकर घर नही गया कि अब सीधा बहन की शादी मे ही जायेगा | धीरे धीरे कई महीने बीत गए | जानकी की शादी को अब सिर्फ एक महीने रह गया था | घर में छोटी मोटी तैयारियां होने लगीं थी जो जानकी खुद कर रही थी, कहते हैं कि जब पैसे की कमी हो तो छोटी तैयारियां करने में भी बहुत वक्त बीत जाता है, जानकी ने मदन से फोन पर जिद की थी कि, "भैया मुझे सोने के कंगन जरूर लाना", उसे बचपन से ही कंगन पहनने का शौक था, बचपन मे अक्सर पिताजी कहा करते, "मेरी बिटिया बड़ी होगी तो सोने के कंगन लाऊंगा तुम्हारे लिए" ये सुनकर जानकी बड़ी खुश हो जाती लेकिन गरीबी के आगे सारे सपने टूट जाते हैं लेकिन अब जानकी खुश थी कि उसका भाई उसके लिये सोने के कंगन जरूर लायेगा |

मदन ने एक एक करके कई सारे सामान खरीद लिये थे ताकि एक दम से उसपे भार ना आये |

एक शाम वो हर्ष और रुद्र के साथ जानकी के लिए सारे जेवर और कपडे खरीदने गया, सब कुछ खरीदने के बाद वो जानके के लिये सोने के कंगन खरीदने लगा तो रुद्र और हर्ष ने कहा, " जानकी के लिये कंगन हम दोनो खरीदेंगे, आखिरकार हम भी तो उसके भाई हैं और ये खुद हम उसे अपने हांथो से पहनायेंगें" | वो दोनों भी शादी में जाने के लिए बहुत उत्सुक थे | मदन के लाख मना करने पर भी दोनों ने कंगन खरीद लिये क्योंकि उन्हें पता था कि गरीबी और मजबूरी क्या कुछ नहीं कराती |

सब कुछ खरीदने के बाद रुद्र ने मदन से कहा, " वैसे एक बात तो है मदन तुमने जरूरत से ज्यादा बचत कर ली, ग्रेट...अच्छा लगा देखकर, वैसे हमे उम्मीद नही थी कि तुम इतनी बचत कर पाओगे" |

मदन ने मुस्कुराते हुये कहा, " क्या भाई, अब मेरी एक ही तो बहन है, बचपन से उसके लिये कुछ नही कर पाया तो सोचा अब कर दूं, वैसे भी शादी धूम धाम से करूंगा, बहुत दुख उठाये हैं उसने" |

ये सुनकर वो दोनों खुश हो गये और अपने अपने घर आ गये | अब मदन को बस शादी के दिन का इंतजार था |

उधर एक दिन सीमा ने रणबीर से कहा, " मैं चाहती हूं कि ऑफिस दुबारा जाने लगूं, घर पर बैठे बैठे बोर हो जाती हूं" |

उसकी बात सुनकर रणबीर ने कहा, " क्या बेकार की बातें करती हो, अब तुम्हे भला काम करने की क्या जरूरत, उसके लिये मैं हूं ना, तुम बस आराम करो, शॉपिंग करो, पार्टी करो और लाइफ को इंजॉय करो" |

सीमा ने बडे प्यार से उसकी ओर देखते हुये कहा, " ओह डार्लिंग...यू आर सो स्वीट, लेकिन मैं चाहती हूं ना कि काम करूं" |

रणबीर ने लाख बार मना किया और उसे समझाते हुये कहा, "स्वीटहर्ट .... अब तो तुम कंपनी की मालकिन हो, सब क्या कहेंगे"?

पर फिर भी सीमा नहीं मानी तो फिर हारकर रणबीर ने उसे काम करने के लिये हां कर दी और कहा,

“ तुम चाहो तो कल से ही मेरे साथ ऑफिस चला करो” |

उसकी ये बात सुनकर सीमा थोडा परेशान हो गई, ये देखकर रणबीर बोला, “ अब क्या?? खुश नही हो” |

सीमा ने बे मन से कहा, “ वो....दरसल मैं अपने उसी पुराने ऑफिस मे काम करना चाहती हूं” |

ये सुनकर रणबीर हंसते हुये बोला, “ क्या...??? पागल हो गई हो क्या? ये भला कैसे हो सकता है, माना कि वो भी हमारी कंपनी है लेकिन मैं तो ज्यादातर यहीं रहता हूं, और फिर क्या हम अलग अलग रहेंगे” |

उसकी बात सुनकर सीमा ने ज्यादा कुछ कहना सही नही समझा और वो धीरे से बोली, “ बात तो तुम्हारी सही है, चलो कोई बात नही, लेकिन मैं कुछ दिनों के लिये पहले अपने घर जाना चाहती हूं, फिर आकर ऑफिस शुरू करूंगी” |

ये सुनकर रणबीर काफी खुश हुआ कि सीमा काम के प्रति कितनी वफादार है और उसने कहा, “ अरे इसमे कौन सी बडी बात है, मुझे वैसे भी अगले हफ्ते दिल्ली जाना है, तो क्युं न हम कल ही निकल लें” |

सीमा ने खुश होते हुये कहा, “ आप परेशान न हों, आप क्युं अपना कीमती समय खराब करेंगे, मै अकेले ही चली जाऊंगी, आप बाद मे

आराम से आते रहना" |

ये सुनकर वो बोला, " अरे आजकल कोई खास काम नही है, फटाफट पैक़िंग करो" |

सीमा खुश होकर पैकिंग करने लगी और अगले दिन दोनों मुंबई से दिल्ली आ गये |

रणबीर हर साल के अंत मे अपनी कंपनी में एक प्रोग्राम रखता था जिसमें एमप्लॉय ऑफ द ईअर चुना जाता था और फिर एक बडी पार्टी होती थी लेकिन उसने इस साल इस प्रोग्राम को थोडा जल्दी करने को कहा औए अपनी दिल्ली की कंपनी में काम कर रहे सारे लोगों के डाक्यूमेंट्स चेक किए और सभी की परफॉर्मेंस की एक लिस्ट बनाई और फिर एक मीटिंग मे विजेता का नाम बताया और उसे ईनाम दिया, विजेता कोई और नही बल्कि रुद्र था, उसके बाद हर्ष और फिर एक लडकी |

रुद्र और हर्ष बहुत खुश थे, सारे लोग उनके लिये ताली बजा रहे थे | सीमा भी खुश थी दोनों की सफलता पर |

इसी खुशी मे अगले दिन रणबीर ने पार्टी रखी, पार्टी में काफी मजा आया, रणबीर ने रुद्र को ड्रिंक देते हुये कहा, " आज की शाम....तुम्हारे नाम..." |

रुद्र ने ग्लास लेकर हर्ष की ओर देखा तो हर्ष ने उसका ग्लास लेकर कहा, " सर.....वो क्या है कि ये पीता नही, ये मैं पी लेता हूं" |

रणबीर ने हर्ष से ड्रिंक का ग्लास लेते हुये कहा, " मतलब...? ये क्या बात हुई, मेरी शादी में तो खूब पी थी इसने" |

ये सुनकर वो दोनों घबरा गये और एक दूसरे को देखने लगे |

रणबीर ने फिर कहा, " देखो मैं तुम्हारा बॉस हूं, और बॉस से झूट ....." |

रुद्र ने मुस्कुराते हुये कहा, " नही सर, ऐसी बात नही है, वो दरसल मेरी तबियत सही नही, इसलिये ड्रिंक करने के लिये डॉक्टर ने मना किया है" |

रणबीर अपना ड्रिंक पीते हुये बोला, " हा...हा...हा...हा...हद है यार, झूट पर झूट बोले जा रहे हो, अच्छे भले तो हो, तुम्हे क्या हुआ, अब बहानेबाजी मत करो, तुम भूल रहे हो कि तुम एम्प्लॉय ऑफ द ईयर हो और ये पार्टी सिर्फ सिर्फ तुम्हारे लिये है, बस एक ले लो" |

रुद्र ने हर्ष की ओर देखा और हां में सिर हिलाया और तीनों ड्रिंक करने लगे, हालांकि रुद्र ने सिर्फ एक पेग ही लिया लेकिन हर्ष और रणबीर ने खूब पी |

29

एक्सीडेंट

पार्टी में ड्रिंक कते हुये रणबीर ने हर्ष और रुद्र से कहा, "तुम दोनों शादी कर लो अब, कोई अच्छी लड़की देख कर, देखो मेरी लाइफ कितनी बदल गई है, मैं कितना खुश हूं, शादी के बाद जैसे लाइफ पूरी हो गई हो और सीमा.....ओह माई गॉड...उसके बारे में मै क्या कहूं, मुझे नही लगता उसके जैसी और कोई लडकी दुनिया मे होगी, तुम....तुम दोनों भी अब फटाफट शादी कर ही लो"|

दोनों ने कहा, "सर आप ही ढूंढो हमारे लिए लड़कियां, लेकिन ऐसी लड़कियां ढूंढें जो सगी बहने हो क्योंकि हम तो दो बहनों से ही शादी करेंगे" |

ये सुनकर रणबीर तेज तेज़ हंसने लगा और बोला," क्यों भाई? ऐसा भी क्या? "

इस पर दोनों ने हंसकर जवाब दिया," क्योंकि सर, हम एक दूसरे के बिना नहीं रह सकते, हम एक ही घर में रहेंगे और ऐसी दो बहनों के साथ शादी करेंगे जो आपस में प्यार करें ताकि जिंदगी भर हम साथ रहे" |

रणबीर ने दोनों को उनकी शादी के लिये ऑल द बेस्ट कहा और बोला, " चलो यार मैं तुम्हारे लिये जरूर कोई ऐसा रिश्ता ढूंढूगा" |

ये कहकर वो और सीमा पार्टी से चल दिये तभी सीमा ने कहा, "रणबीर गाड़ी तुम नहीं चलाओगे, मदन हमें छोड़ आएगा"|

इस पर पास खडे मदन ने भी कहा," सर चलिए, मैं आपको घर तक छोड़ आता हूं, आपने बहुत पी रखी है" लेकिन रणबीर नहीं माना उसने कहा कि," नहीं मैं चला जाऊंगा" |

उसने गाड़ी स्टार्ट की और दोनों निकल गए | सीमा ने कई बार रणबीर को मना किया कि उसने बहुत ज्यादा शराब पी रखी है, वह गाड़ी ना चलाए, लेकिन रणबीर एक बात जो ठान लेता था फिर किसी की नहीं मानता था लेकिन सीमा के आगे उसे हार माननी पडी फिर गाडी सीमा चलाने लगी और वो सीमा के पास बैठ गया |

सीमा उसे देख मन ही मन मुस्का रही थी और रणबीर भी उसे प्यार भरी निगाहों से देख रहा था |

रणबीर ने कहा, " वैसे तो मेरे आगे किसी की नही चलती लेकिन एक तुम्ही हो जिसके आगे मैं हार जाता हूं" |

सीमा मुस्कुराते हुये बोली, " मेरे आगे तुम क्या सभी हार जाते हैं" |

सीमा के इतना कहते ही अचानक एक ट्रक बडी तेजी से आया और उनकी कार से टकरा गया, दोनों का बहुत भयानक एक्सीडेंट हो गया जिसमें सीमा की मौके पे ही मौत हो गई और रणबीर बुरी तरह घायल हो गया, वो सीमा...... सीमा......पुकारता रहा लेकिन रात बहुत हो चुकी थी और उसकी चीखें सुनने वाला वहां कोई नही था, कुछ देर बाद वो भी बेहोश हो गया |

श्रवण ने एक दम से किताब बंद की, उसकी धड़कन उसे साफ सुनाई दे रही थी, मानो उसका दिल उसके कान के पास आ गया हो, उसे ऐसा लगा मानो सीमा की खून से लथपथ लाश और रणबीर का रोता बिलखता चेहरा उसके सामने वाली सीट पर ही पड़ा हो, वो बहुत घबरा गया | श्रवण का गला सूख गया, वह उठा और अपनी बोतल से पानी पीकर बैठ गया लेकिन अभी भी उसे अजीब सी छटपटाहट हो रही थी, उसे एक पल के लिए लगा कि उसका दम घुट जाएगा, वह अपनी सीट से भागा और ट्रेन के दरवाजे के पास खड़ा हो गया, उसने धीरे से ट्रेन का दरवाजा खोला, उसके हांथ कांप रहे थे, उसे ऐसा लगा कि वो कहीं ट्रेन से गिर ना जाये इसलिये उसने दरवाजे को पूरी तरह से नही खोला, ट्रेन तेज गति मे जा रही थी, चारों ओर अंधेरा और कोहरा था, काले बादल ट्रेन के साथ चलते जा रहे थे |

बाहर की ठंडी हवा से उसका चेहरा और शरीर बिल्कुल बर्फ जैसा ठंडा हो गया, वो एक टक बस बाहर की ओर देखे जा रहा था कि तभी किसी ने तेज आवाज में कहा, " अबे क्या रे, मरने जा रहा है क्या? बन्द कर दरवाजा और बैठ जाके अपनी सीट पर" |

श्रवण ने नजर घुमा कर देखा तो एक पुलीस वाला सामने खडा था जो ट्रेन में अपनी ड्यूटी कर रहा था वो गुस्से में उसकी ओर देख रहा था | उसने दरवाजा बन्द किया और आकर अपनी सीट पर बैठ गया | ठंड से उसका शरीर अकड गया था, उसने अपना कंबल ओढते हुये अपने आप से कहा, " सब कुछ ठीक.... कहां होता है"?

इतना कहकर वो अपने अतीत मे खो गया | मीरा और वो कितने खुश थे श्रेयांश के साथ, अब तो वो काफी कुछ बोलने भी लगा था, मीरा रोज उससे कहती, " तुम ना मेरी कभी नही सुनते, कबसे कह रही हूं कि श्रेयांश का एडमिशन करा दो प्ले स्कूल में पर तुम्हे तो बस अपने काम की फिकर है बस....." |

मीरा के ये ताने सुनकर उसने मुस्कुराते हुये कहा, " जान....ये तो गलत कह रही हो, अरे तुम्हारी सुनी थी तभी तो तुम मेरे पास हो" |

ये सुनकर मीरा मुस्कुराते हुये बोली, " हम्म्म्म बस....कुछ कह दो... तो मक्खनबाजी शुरू हो जाती है" |

श्रवण बोला, " अरे नही यार, देखो....मेरा बेटा पांच साल से पहले स्कूल नही जायेगा, यार सारी जिन्दगी तो पढाई करनी है, अभी जरा जरा से बच्चों को बडे बडे बैग ले जाते हुये देख मुझे तो जरा भी अच्छा नही लगता, मैं अपने बेटे पे अभी से प्रेशर नही डालूंगा, पांच साल का होने दो फिर देखो, स्कूल भी जायेगा और तब तक इसका दिमाग भी मजबूत हो जायेगा" |

मीरा को ये बात सही लगी लेकिन फिर भी वो बोली, " मैं तो प्ले स्कूल की बात कर रही हूं, वहां तो बच्चे बस खेलते हैं" |

श्रवण ने गुस्से में कहा, " हद हो गई मीरा, स्कूल तो स्कूल ही होता है, तुम्हे जरा से बच्चे को घर में रखने मे परेशानी हो रही है क्या"?

ये सुनकर मीरा भी गुस्सा हो गई और बोली, " हां....अब यही कहो, उसकी पूरी देखभाल मै करती हूं और मुझे दिक्कत हो रही है, मुझे उसकी फिक्र है इसलिये बोल रही हूं" |

श्रवण और गुस्से में बोला, " हां, तुम्हारे कहने का मतलब है कि मुझे उसकी बिल्कुल फिक्र नही" |

मीरा ने तपाक से जवाब दिया, " हां, वो तो दिखता है, पूरा दिन डैडा...डैडा.... करता रहता है और तुम्हारे पास ऑफिस से आकर भी उसके लिये समय नही होता, अपना काम लेकर बैठ जाते हो" |

श्रवण ने गुस्से में कहा, " इनफ़ मीरा, तुम्हे क्या लगता है ये सब मै सिर्फ अपने लिये कर रहा हूं, अब पैसे ज्यादा लूंगा तो काम भी तो ज्यादा करना पडेगा" |

इस बार मीरा कुछ नही बोली और दूसरे कमरे में चली गई |

श्रवण चुप चाप सोफे पर बैठ गया | मीरा कुछ देर बाद उस कमरे मे आई और बोली, " मैं नीचे जा रही हूं, शर्मा जी की मां कई दिन से बीमार हैं, अभी श्रेयांश सो रहा है तो मैं उन्हे देख कर आती हूं, ध्यान रखना या फिर वहीं बैठो जाकर और हां कमरे का दरवाजा खुला है, बाय....." |

ये कहकर मीरा चली गई |

30

वो जा चुका है

मीरा के जाने के बाद श्रवण गुस्से में दूसरे कमरे मे जाकर बैठ गया लेकिन सोते हुये श्रेयांश का चेहरा देख कर उसका सारा गुस्सा गायब हो गया, तभी उसका फोन बजने लगा, फोन की आवाज से श्रेयांश जाग न जाये इसलिये वो जल्दी से कमरे से बाहर निकल आया और फोन पे बात करने लगा |

फोन उसके बॉस का था जिन्हे अभी एक रिपोर्ट चाहिये थी |

श्रवण ने कहा, " सर रिपोर्ट रेडी है, मै अभी देता हूं" |

ये सुनकर बॉस ने कहा, " वेलडन श्रवण" |

श्रवण फोन पर बात करते हुये दूसरे कमरे में अपना लैपटॉप खोलकर वो रिपोर्ट मेल करने लगा कि तभी एक बहुत तेज चीक सुनाई पडी जिसके बाद .... |

श्रवण भागते हुये बाहर सीढियों की तरफ आया, नीचे लोग जमा हो गये थे और रोने चीखने चिल्लाने की आवाजें आने लगीं थीं, श्रवण पागलों की तरह भागता हुआ नीचे आया सामने देखकर उसका कलेजा फट गया |

उसका श्रेयांश सीढियों पर लगी ग्रील से नीचे आ गिरा था, उसका सिर पूरी तरह फट चुका था और शरीर का सारा खून बह चुका था, श्रेयांश हमेशा के लिये खामोश हो चुका था |

उसका मासूम चेहरा जो अब खून से सना हुआ था, उसे देख श्रवण की आत्मा फटी जा रही थी, वो छाती पीट पीट कर रोने लगा कि तभी मीरा गुस्से में उसके पास आई, उसकी आंखे खून सी लाल थीं, रो रो कर उसका बुरा हाल था, उसने आकर उसके गाल पर एक जोर से तमाचा मारा और बोली, " मार डाला ना.....मार डाला तूने मेरे बेटे को, अब तो तुम्हें चैन मिल गया होगा ना, सच कहता था तुम्हारा बाप... तुम जिंदगी में कुछ नहीं कर सकते क्योंकि तुम एक खुदगर्ज मक्कार और बेकार इंसान हो और सच ही कहता था मेरा बाप, कि मीरा.... तुम इसके साथ कभी खुश नहीं रहोगी, मेरे मेरे फूल जैसे बच्चे को मार डाला..... मेरे फूल जैसे को मार डाला......श्रेयांश...... तुम मुझे क्यों छोड़ कर चला गया, मुझे भी साथ ले जाता" |

यह कहकर वो श्रेयांश को सीने से लगा कर रोने लगी, भीड़ बराबर बढ़ती जा रही थी, श्रवण बुत की तरह श्रेयांश की लाश को देखे जा रहा था तभी मीरा बदहवासों की तरह उसके बाल नोचने लगी और बोली, " तू......तू...ना.....मुझे मार दे, मुझे भी मार दे, आखिरकार तुझे फुर्सत मिल जाएगी, मुझे भी मुझे क्यों नहीं मार देता तू.....मुझे भी मार डाल और चैन से रह, मुझे मौत दे दे......मुझे मौत दे दे....." |

यह कहकर उसने श्रवण के दोनों हाथ पकड़े और उसके हाथों से अपनी गर्दन दबाने लगी लोग उसे छुड़ाने लगे तभी एक बुजुर्ग महिला ने कहा, " संभालो अपने आप को बेटी, संभालो.... क्यों अपने पति को ऐसे बोल रही हो, यह तो एक अनहोनी थी.... बस समय का खेल था ये, श्रेयांश बेटा सिर्फ इतने ही समय के लिए आया था हम सबको रुलाकर चला गया, अब तो उसकी यादों से गुजारा करो और जिंदगी आगे बढ़ो" |

उस बुजुर्ग महिला की बात सुनकर मीरा अपना सिर अपनी छाती पीटने लगी और श्रेयांश को गले लगाकर फिर जोर जोर से रोने लगी |

श्रवण ने रोते हुए श्रेयांश को गले लगाना चाहा लेकिन मीरा घायल शेरनी की तरह बार बार उस पर झपट पडती, उसे तो कुछ समझ में नहीं आ रहा था कि आखिर ये हो क्या गया, एक पल पहले तो सब कुछ ठीक था तभी पडोसियों में से एक बुजुर्ग ने कहा,

" तुम दोनों अपने आप को संभालो और बच्चे के अंतिम संस्कार की तैयारियां करो, आखिर अब इसे कब तक यूं लिये बैठे रहोगे" |

इस पर मीरा ने फिर पागलों की तरह चिल्लाना शुरू कर दिया, " नहीं.... नहीं.... मैं अपने बच्चे को कहीं नहीं भेजूंगी.... कहीं नहीं भेजूंगी...... मैं उसे अपने आप से दूर कहीं नहीं भेजूंगी, मेरा बच्चा सो रहा है" |

ये कहकर मीरा भी बेहोश हो गई तो उसे धीरे से लिटा दिया और फिर श्रवण अपने बेटे को सीने से लगा कर जोर जोर से रोने लगा, ऐसा लग रहा था कि आज उसकी इस करुण पुकार से आसमान भी फट पड़ेगा, वह अपने आप को अंदर ही अंदर कोस रहा था कि

" आखिरकार मैंने अपने बच्चे पर ध्यान क्यों नहीं दिया, मीरा शायद सही कहती है और पिताजी भी सही थे..... मैं, मैं..... कोई जिम्मेदारी निभाना नहीं चाहता" |

वह श्रेयांश को सीने से लगा के पागलों की तरह बड़ी देर तक रोता रहा और फिर उठ कर उसका अंतिम संस्कार की तैयारियां करने लगा | श्रेयांश का अंतिम संस्कार करने के बाद जब वो वापस लौटा तो मीरा ने उसका गिरेबान पकड़कर उसका कुर्ता फाड़ दिया और बोली,

" क्या कहता था तू...हां......कि जब तक वो पांच साल का नहीं होता तब तक कहीं नहीं भेजेगा फिर क्यों छोड़ आया उसे अकेला, मेरे बेटे को वापस ला...... मेरे बेटे को वापस लेकर आ......" |

यह कहकर वो उसकी छाती पीटने लगी क्योंकि उसकी नजर में श्रेयांश का कातिल खुद श्रवण ही था, वो अगर थोड़ा ध्यान दे देता तो आज उसका बेटा उसकी गोद में हंसता खेलता बैठा होता और श्रेयांश ने तो अभी ठीक से दुनिया देखना शुरु भी नहीं किया था, लेकिन अब वह दुनिया से अलविदा कह चुका था |

शाम को श्रवण कमरे में बैठा रो रहा था और कुछ पड़ोसी उसको सांत्वना दे रहे थे कि तभी मीरा उठी और अपनी अलमारी खोलकर अपने कपड़े पैक करने लगी तभी एक औरत ने कहा, " क्या कर रही हो ये"?

मीरा ने गुस्से मे कहा, " मैं ये घर छोड़कर हमेशा के लिए जा रही हूं, अब यहां मेरा है ही कौन? जिसके लिए मैं यहां आई थी उसे तो मैंने पहले ही खो दिया था, जिसके लिए मैं पूरी जिंदगी जीने वाली थी वो अब इस दुनिया में नहीं रहा" |

यह कह कर वो फिर रोने लगी |

श्रवण घबराकर उसके पास जाकर बोला रोते हुए बोला, " मैं मानता हूं मेरी गलती है लेकिन मैंने जानबूझकर कुछ नहीं किया, मुझे माफ कर दो, तुम ऐसे मुझे छोड़कर मत जाओ, मेरे पास रहो.. मुझे सजा दो, मारो, मुझसे नाराज हो जाओ, बात मत करो... लेकिन प्लीज मुझे छोड़कर मत जाओ" |

सारे लोग उसे समझाते समझाते हार गये और अपने अपने घर चले गए लेकिन मीरा ने आज जिद ठान ली थी कि वो अब एक पल भी रुकी तो

मर जाएगी, वो श्रवण के रोकने पर भी मेरा नहीं रुकी और दरवाज़े को धड़ाम से बंद करके चली गई | श्रवण वही तड़पता रोता रहा | कुछ दिनों बाद उसके पास तलाक के कागज आये, जिसके बाद उसने मीरा को फोन करके काफी बार माफी मांगी लेकिन मीरा अपने फैसले पर अड गई और आखिरकार दोनों का तलाक हो गया | जिस प्यार के लिए उन लोगों ने अपने परिवार छोड़ दिये थे, अपना घर छोड दिया था, अब वो हमेशा के लिए अलग हो चुके थे |

तलाक के बाद भी कई महीनों तक श्रवण पागलों की तरह श्रेयांश और मीरा को याद करता रहा और जब भी उसकी आंख लगती तो बस उसे एक ही सपना दिखाई देता कि मीरा उसे पकड़कर जोर जोर से हिला रही है और कह रही है कि " तू एक कातिल है..... तूने ही अपने बच्चे का खून किया है, तू कातिल है......तू कातिल है....." |

श्रवण जोर-जोर से हिल रहा था, वह कुछ समझता कि तभी जोर से खड़खड़ की आवाज आने लगी क्युंकि ट्रेन एक नदी के पुल से गुज़र रही थी | उसकी जिन्दगी की ट्रेन भी जैसे यादों के किसी गलियारे में चलते चलते अचानक रुक गई हो...कहीं गायब हो गई हो.....वो अपने आंसू पोछ्ते हुये बीती यादों से बाहर निकला और कुछ देर बैठकर श्रेयांश को याद करने लगा |

कुछ देर बाद उसे रणबीर की याद आई और उसने दुखी मन से किताब उठाई और फिर एक ठंडी आह के साथ किताब उठाकर पढ़ने लगा |

31

समय घाव देता है

हर्ष मदन और रूद्र तीनों रणबीर के एक्सीडेंट और सीमा की मौत की वजह से दुखी थे और वही क्यों पूरा ऑफिस दुखी था |

किसी को विश्वास ही नहीं हो रहा था कि इतनी हंसती खेलती जिंदगी एक पल में ऐसी हो जाएगी, रणबीर के इतने पैसे वाले होने के बावजूद भी वह सीमा को नहीं बचा पाएगा|

किसी ने सच ही कहा था मौत पर किसी का जोर नहीं चलता लेकिन रणबीर को अपने भगवान से ये उम्मीद नहीं थी कि वह उसकी, जो हर किसी की मदद करता है, उसका प्यार भगवान इतनी जल्दी इस तरह से छीन लेंगे |

वो अंदर से इतना टूट गया था कि वह वापस लौट कर मुंबई तक नहीं गया और अस्पताल से छुट्टी होने के बाद वह अपने दिल्ली के फॉर्म हाउस पर ही रहने लगा | वह ना ही तो ऑफिस के किसी आदमी से बात करता और ना ही तो घर में किसी से, वह बस लेटे लेटे सीमा को याद करता रहता और अपने आप को कोसता रहता कि " काश.... उस दिन मैंने सीमा की बात ना मानी होती और गाड़ी मैं चलाता....... तो आज सीमा जिंदा होती है और मैं मर जाता, आखिर मैंने ऐसा क्यों नहीं किया"

|

उसके पैर की हड्डी सही तो हो चुकी थी लेकिन फिर भी उसको चलने में थोड़ी परेशानी होती थी, हालांकि डॉक्टर ने कहा था कि आप पूरी तरह से बिल्कुल सही हो जाएंगे घबराने की कोई बात नहीं है लेकिन सच तो यह था कि अब ठीक होना कौन चाहता था |

रणबीर को ऐसा लगता है जैसे वह अब दुनिया का सबसे गरीब आदमी बन चुका है |

समय एक बुरी करवट बदल चुका था |

इधर मदन को कुछ दिनों बाद गांव जाना था क्योंकि जानकी की शादी का समय भी करीब आ रहा था | वो ऑफिस की वजह से दुखी जरूर था लेकिन उसे एक बात का संतोष था कि अब उसकी बहन के लिए उसे परेशान होने की कोई जरूरत नहीं | जानकी और बापू भी आजकल बहुत व्यस्त रहते, कब दिन शुरू होता और कब खत्म, पता ही नहीं चलता, वो दिन रात भर शादी की तैयारियां करते और उस दिन का इंतजार करते |

मदन जल्द ही अपने घर जाना चाहता था लेकिन ऑफिस की ऐसी टेंशन भरे हालात में उसे डर था कि वह मैनेजर से छुट्टी कैसे मांगे और फिर वह सोचता कि शादी से सिर्फ दो-चार दिन पहले ही जाएगा तब तक माहौल और भी ठीक हो जाएगा और यही सोचकर वह खामोश रहता और अपना काम करता |

ऑफिस की कुछ लड़कियां आपस में बातें करतीं,

“ अच्छा रहा सीमा मर गई, मुझे तो वह बिल्कुल पसंद नहीं थी, पता नहीं रणबीर सर ने उसमें क्या देखा”?

दूसरी लड़की ने कहा, " अरे ठीक ही तो है, अब क्या पता हममें से किसी को वह पसंद कर लें, वैसे आने दो उन्हे, सर को हम लोग इतनी सिंपैथी दिखाएंगे कि उनका मन ही पिघल जाएगा" |

ये सुनकर तीसरी लडकी बोली, " हम सब मिलकर उन्हें इतनी सिंपैथी दिखाएंगे तो क्या वह हम सबसे शादी करने को तैयार हो जाएंगे? पागल........" |

उसकी इस बात को काटते हुए पहली लड़की फिर कहती है, " तुम लोग भी ना बेवकूफी भरी बातें करती हो, आने तो दो उन्हेऔर वैसे भी पैसे वाले लोग हैं, बहुत जल्दी भूल जाते हैं सब कुछ..... भूल जाना भी चाहिये, कब तक किसी के लिए रोते रहेंगे" |

ये कहकर वो धीरे धीरे मुस्कुरातीं रहतीं |

हर्ष और रूद्र भी दोनों बहुत दुखी जाते हैं, उन्हें अपने रणबीर सर से बहुत लगाव था क्योंकि उसने उन्हें कभी किसी बात के लिए डांटा फटकारा नहीं और सबसे बड़ी दुख की बात तो यह थी कि जिसकी वजह से उनकी जिंदगी नर्क बन गई थी, वह वजह रुद्र और हर्ष से भी तो जुड़ी हुई थी, आखिरकार वह पार्टी उन्हीं के लिए तो थी, यही सोच सोच कर दोनों उदास बहुत उदास थे |

एक रात लेटे लेटे हर्ष ने कहा, " कितना अच्छा रहता अगर पार्टी हुई ना होती" |

रूद्र ने कहा, " सच कह रहे हो, ना मैं एम्पलाई ऑफ द ईयर बनता, ना ही यह पार्टी होती और ना रणबीर सर का एक्सीडेंट होता और फिर ना सीमा यह दुनिया छोड़कर जाती, कुछ भी कहो, वो चिढ जाती थी, परेशान करती थी लेकिन अच्छी लड़की थी और हमने उसे अपनी पार्टी में कितना

परेशान कर दिया था, बेचारी को रात में अकेले ही जाना पड़ा था, हम तो उससे नीचे छोड़ने तक नहीं गए थे" |

यह सुनकर हर्ष ने कहा, " हां यार.... सच कह रहे हो लेकिन क्या करें, हम बहुत कुछ सोचते हैं, सपने बुनते हैं लेकिन होता तो वही है जो समय को मंजूर होता है, लेकिन एक बात बोलूं वैसे दुख तो मुझे भी है उनका लेकिन तुम तो कुछ ज्यादा ही दुखी हो उनकी वजह से, अब जो हुआ सो हुआ, ये सब हमारे बस में नही" |

यह कहकर वह खामोश हो गया और रुद्र ने भी कोई जवाब नही दिया | दोनों बड़ी देर तक खामोश बैठे रहे |

वो भी अपने आने वाले दिनों के बारे में सोच रहे थे, दोनों के दिल में एक अजीब सा डर था तभी हर्ष ने कहा,

" यार मैं कभी-कभी सोचता हूं कि अगर हम जैसा सोचते हैं हमें वैसी लड़की नहीं मिली तो क्या होगा? क्या हम बिना शादी के ही रह जाएंगे? और अगर हम ऐसे ही किसी लड़की से शादी कर ले तो हमारी बचपन की दोस्ती तो बिखर जाएगी, मैं तो इस ख्याल से भी घबरा जाता हूं, अब तो मन घबराने लगा है, एक बार शादी ना हो.... इस बात से मन कम घबराता है, सबसे ज्यादा तो मन इस बात से घबराता है कि कहीं तुम मुझसे अलग ना हो जाओ, कहीं कोई ऐसी लड़की ना मिल जाए जो तुम्हें मुझ से अलग करदे" |

रुद्र हर्ष की बातें बड़ी खामोशी से सुन रहा था उसकी आंखों में एक उदासी थी |

हर्ष ने उसकी ओर देखा और कहा, " चुप क्यों है यार...?? कुछ तो बोल, हमारी यह प्रॉब्लम कैसे सॉल्व होगी"?

रूद्र ने मुस्कुराते हुए कहा, " परेशान क्यों होता है यार... शादी तो हो जाएगी, शादी सब की हो जाती है, तुम्हारी भी..... मेरा मतलब हमारी भी हो जाएगी, और रही बात मेरे अलग होने की तो यार तू ऐसा सोचता ही क्यों है, मैं तुझसे अलग कभी नहीं जाऊंगा, फिर बेकार की बातें सोचना बंद कर दो, सब कुछ ठीक हो जाता है...... अब रणबीर सर को ही ले ले, साल दो साल बाद उनकी भी दूसरी शादी हो जाएगी, सब कुछ फिर पहले जैसा हो जाएगा, समय घाव देता है तो सबके घाव भर भी देता है" |

इस पर हर्ष ने कहा, " हम्म्म्म्म्म्म..... शायद तू ठीक कह रहा है लेकिन सच कहूं ना, तो सब कुछ पहले जैसा कभी नहीं होता, बस सब चलता रहता है" |

दोनों यही सब बातें करते करते सो गए |

32

मेडिकल रिपोर्ट

अगली सुबह हर्ष उठा और नहा धो के आ गया पर रूद्र अभी तक सो रहा था |

हर्ष ने उसे उठाते हुये कहा, "उठो यार, ऑफिस नहीं जाना क्या"?

रूद्र ने करवट बदली और नींद भरी आंखो से बोला, "मुझे नींद आ रही है, मैं दोपहर में आ जाऊंगा, तुम जाओ"|

रूद्र ने यह कहकर आंखें बंद कर ली |

हर्ष बोला, " क्या बात है तबीयत तो ठीक है ना तेरी"?

रूद्र ने कहा, " हां मैं ठीक हूं यार, ऑफिस का सारा काम तो बंद पड़ा है, सर किसी से बात नहीं करते हैं, तूने देखा तो है कई लोग कम आ रहे हैं तो मैं भी आज लेट आऊंगा" |

हर्ष ने हंसते हुए कहा, " हां कह तो तुम ठीक रहे हो यार, चल ठीक है तू लेट आना, वैसे भी वहां जाकर सिर्फ बैठना ही है, ओके जल्दी आना" |

यह कहकर वो तैयार होने लगा और अपने कपडे टटोलते हुये, रुद्र की अलमारी खोलने लगा |

हर्ष बोला, “ यार आज मैं तुम्हारी शर्ट पहन के जा रहा हूं, मुझे देर हो रही है” |

रूद्र ने लेटे-लेटे कहा, “ हां ठीक है जाओ” |

हर्ष चला गया |

पूरा दिन हो गया रूद्र ऑफिस नहीं आया, मोबाइल भी ऑफ था, हर्ष सारा दिन परेशान रहा और गुस्साया कि रुद्र कभी-कभी बहुत लापरवाह बन जाता है |

शाम होते ही वह ऑफिस से निकल पड़ा |

आज रुद्र के साथ ना आने की वजह से वह अपनी कार न लाकर ऑटो से आ गया था, वह ऑटो पकड़ने के लिए रोड पर आया कि तभी एक बूढ़ा भीखारी हर्ष से टकरा गया और बोला, " बेटा कुछ मदद कर दो, भगवान तुम्हारा भला करेगा" |

हर्ष ने अपनी शर्ट में हाथ डाला, कुछ रुपए निकालकर उसे देने लगा, कि तभी उसकी शर्ट से एक कागज भी निकल कर गिर गया |

भिखारी पैसे लेकर उसे दुआयें देता हुआ जाने लगा |

हर्ष ने उस गिरे हुये कागज को उठाते हुए कहा, “ ये क्या है? मैंने तो ये रुपयों के साथ नहीं डाला था, देखता हूं क्या है”?

यह कहकर उसने उस कागज को खोलकर देखा तो पता चला कि वो कोई

कागज नहीं बल्कि मेडिकल रिपोर्ट है, जिसे पढ़कर उसके हांथ पैर कांपने लगे और धड़कन बर्फ सी जम गई | उसका दिल बैठने लगा क्युंकि वह मेडिकल रिपोर्ट रूद्र की थी और उसे ब्रेन कैंसर था |

यह पढ़कर हर्ष वहीं गिर गया और पागलों की तरह चिल्लाता रहा, रोड पर लोग उसे देखते रहे तभी वह भीकारी दौड़कर उसके पास आया और कहने लगा, "बाबूजी क्या हुआ? बाबू जी को क्या हो गया? आप तो बहुत अच्छे हो, भगवान आपकी मदद करें, उठो बाबूजी, कहिए कहां रहते हैं आप? मैं क्या साथ चलूं? उठो बाबूजी"|

हर्ष पत्थर की तरह वहीं पर बैठा रोता रहा, आसपास भीड़ जम गई और लोग तरह तरह की बातें करने लगे, कोई कहता, " अरे... लगता है कोई परिवार में खत्म हो गया होगा और अभी अभी खबर आई होगी" तो कोई कहता

" शायद इसको हार्टअटैक आने वाला है" |

लोग तरह-तरह की बातें करते और वहां से निकल जाते, लेकिन भिखारी हर्ष के पास ही बैठा रहा, उसने हिचकिचाते हुए हर्ष की पीठ पर हांथ रखते हुए कहा, " बाबूजी ऐसे ना घबराओ..... आखिर बात क्या है? आपकी हालत तो जरा भी ठीक नहीं लग रही, चलिए मैं आपके घर आपको भेज देता हूं" |

उसने जल्दी से ऑटो वाले को रोका और हर्ष को ऑटो में बिठा कर खुद बैठने लगा तो हर्षने रोते हुये कहा,

" बाबा आप परेशान ना हो, मैं चला जाऊंगा" |

यह कहकर उसने ऑटो वाले से चलने के लिए कह दिया और वो बूढा भिखारी उसे दूर तक देखता रहा |

समय अब सच में क्रूर हो चुका था जिसे अब किसी पर दया नही आ रही थी |

रणबीर ने भी अपने आप को कुछ दिनों से कमरे में ही बंद करके रखा था, वह बार-बार सीमा की फोटो देखता और रोने लगता, उसे अपनी गलती पर इतना पछतावा हो रहा था कि वह खुद को कभी माफ नहीं कर पाएगा, उसके परिवार वाले उसको लेने भी आए लेकिन उसने उन पर गुस्सा करते हुये उन्हे मुंबई वापस लौट जाने को कहा और ना चाहते हुए भी वो उसे अकेला छोड़ कर चले गए |

ऐसा लग रहा था जैसे समय सबको ना जाने कौन सी कसौटी पे परख रहा है |

इधर हरिया के यहां काली भी दो चार दिन में बच्चा देने वाली थी, हरिया के पूरे घर में ढोलक की आवाज़ सुनाई दे रही थी |

चाची ढोलक की थाप पर नाच नाच के गीत गा रही थी, कि तभी मोहल्ले की एक ताई ने कहा, “ अरे अकेले नाचे जाई रही हो, बहू से भी कहो तनिक नाच के दिखावे” |

इस पर ताई ने कहा, “ देखो और सब बात ठीक है लेकिन हमार बहू नाही नाच सकत है” |

ये सुनकर ताई ने ने मुस्कुराते हुए बहु से कहा, “ का बात है कोई खुशखबरी है का”?

इस बात पर बहू शर्माती हुई चाची की ओर देखने लगी | चाची ने कहा, “ हां और का.... हमार बहू पेट से है” |

यह सुनकर ताई ने बहु की नजर उतारते हुए कहा,
" हे राम... यह तो बड़ी खुसी की बात है, चलउ इतने साल बाद ई दुबारा मां तो बनी, यह तो बस ऊपर वाले की किरपा है" |

यह कहकर ताई भी चाची के साथ नाचने लगी और बहू मुस्कुराती हुई गीत गाने लगी | गप्पू पूरे घर में नाच नाच के कभी कुछ खाता... कभी कुछ खाता..... |

हरिया पूरे परिवार को खुश देख कर अंदर से इतना खुश होता है कि जैसे उसको अब और किसी चीज की चाह नहीं रही और वो हांथ जोड़कर भगवान को इन खुशियों के लिए धन्यवाद देता |

उधर हर्ष दुखी मन से घर आया और अपने आप को संभालते हुए चिल्लाते हुए बोला, " यार.... क्या तमाशा बना रखा है, मैं सुबह से परेशान था, ऑफिस क्यों नहीं आये? और तो और तुम्हारा फोन भी बंद था" |

रुद्र उस समय किचन में कॉफी बना रहा था लेकिन उसके चेहरे को देख कर कोई भी बता सकता था वह अंदर से कितना उदास है |

उसने मुस्कुराते हुए कहा, " अरे वह क्या है? इतना भी क्या चिल्ला रहे हो, तुम्हारे जाने के बाद तो मैं सोता रहा और जब नींद खुली तो बज गया था दो, अब बताओ यार दो बजे मैं जागा फिर तैयार होता और आता तो क्या फायदा था और वैसे भी किसी ने नहीं पूछा होगा कि मै क्यों नहीं आया और उसके बाद में मोबाइल में वेब सीरीज देखता रहा, फोन की बैटरी कब डेड हो गई पता ही नहीं चला, अब जाओ हांथ मुंह धो लो और गरमा गरम कॉफी पियो" |

रूद्र ऐसे बोल रहा था जैसे कोई बात ही न हो, वो किचन से निकला और

मेज पर कॉफी रखते हुए बोला, " तुम्हारे चेहरे पर बारह क्यों बज रहे हैं"?

यह कहकर उसने जैसे ही हर्ष की शर्ट पर ध्यान दिया वो सोफे पर एकदम से बैठ गया, उसे नहीं पता था कि हर्ष उसकी यही शर्ट पहन कर गया है, जिसमें उसने मेडिकल रिपोर्ट रखी थी |

हर्ष बिना कुछ बोले ही रूद्र के गले लग कर रोने लगा, अब उसे समझ आ रहा था कि रूद्र रात में उठ उठ कर क्यों बैठता था, कि उसका सर दर्द होता था और कई दिन से वो इतना उदास क्युं है? वो बिलख बिलख कर रोने लगा |

रूद्र भी समझ गया था कि जिस राज को वह बीते कुछ दिनों से छुपा रहा था वो आज हर्ष जान चुका है |

33

जिंदगी कितनी बेदर्द है

रूद्र और हर्ष दोनों को अब उनका जीवन ठीक वैसा ही लग रहा था जैसे किसी समन्दर में डूबती हुई नाव का सहारा कोई नही होता |

हर्ष बराबर रोये जा रहा था, रुद्र ने उसका सिर सहलाते हुये कहा, "अभी से क्यों रोते हो, अभी तो मैं हूं ना, जब मैं ना रहूं तब खूब रो लेना" |

हर्ष ने अपने और रूद्र के आंसू पोंछते हुए कहा, "कुछ नहीं होगा देखना, तुम ठीक हो जाओगे" लेकिन मुझे तुमसे यह उम्मीद नहीं थी, तुमने मुझसे इतनी बडी बात छुपा कर रखी, छोटी से छोटी बात तो तुमसे पचती नहीं लेकिन यह बात कैसे छुपा ली"?

इस पर रुद्र ने कहा, " क्योंकि मैं नहीं चाहता था कि तुम यह बात जानकर दुखी हो जाओ, मैं जानता था कि ये बात जानकर तुम्हे मुझसे भी ज्यादा दुख होगा" |

हर्ष ने कहा, " लेकिन यह कब? कैसे"?

रुद्र बोला, “ उस दिन जब शाम को तुम सारी मेडिकल रिपोर्ट लेने गये थे तो मैं दिन में ही जाकर डॉक्टर से मिलकर आया था, डॉक्टर का चेहरा देखकर मैं समझ गया था कि कुछ ना कुछ परेशानी जरूर है, उन्होंने मेरे जाते ही कहा कि आपके भाई नहीं आए, प्लीज उन्हें लेकर आइए, मैंने उनसे कहा कि तुम मेरे भाई नहीं बल्कि दोस्त हो तुम्हारे अलावा मेरा और दुनिया में कोई नहीं है, मैंने डॉक्टर से बहुत रिक्वेस्ट की और कहा कि तुम खुद बहुत बीमार हो तुम्हें दिल की बीमारी है, तुम कोई सदमा बर्दाश्त नहीं कर सकते, तब जाकर डॉक्टर ने बिना कुछ कहे यह रिपोर्ट मेरे हाथ में थमा दी और मै खुद इसे पढकर सदमे मे हो गया था, लेकिन क्या करूं, किस्मत है अपनी अपनी |

मैने डॉक्टर से हांथ जोडकर कहा कि शाम को तुम मेरी रिपोर्ट लेने आओगे , वो तुम्हे बस नॉरमल वाली रिपोर्ट ही दें, वो मान गये लेकिन उन्होने जल्द से जल्द ऑपरेशन कराने को कहा पर........” |

ये कहकर रुद्र चुप हो गया और हर्ष ने कहा, “ पर....पर क्या.....”?

रुद्र ने मुस्कुराते हुये कहा, “ ऑपरेशन के बाद भी बचने की कोई गारंटी नही, क्युंकि ये फाईनल स्टेज का ब्रेन कैंसर है, सकता है कि मैं ऑपरेशन के दौरान ही.......” |

रुद्र आगे के शब्द कह न सका लेकिन उसके अनकहे शब्द हर्ष के कानों में गूंज रहे थे जिनसे वो भयभीत हो रहा था |

रुद्र ने फिर कहा, “ अस्पताल से आकर मैने ठान लिया कि मै ऑपरेशन नही कराना, मैं सारी जिन्दगी बिस्तर पे नही गुजारना चाहता, मैं जब तक हूं ऐसी ही ठीक हूं, और मैने तुम्हे न बताने का सोच लिया, मै ये रिपोर्ट डॉक्टर के सामने ही फाड़ देता लेकिन ऐसा करने से उन्होंने मुझे मना कर दिया था क्योंकि उन्होंने कहा था कि जब तुम अपना इलाज

शुरू करोगे तो इस रिपोर्ट के बिना तुम्हारा इलाज हो पाना संभव नहीं होगा इसलिए मैं इसे अपनी जेब में रखकर चला आया, लेकिन मैं इतना परेशान था कि मैं इसे छुपाना भूल ही गया और इत्तेफाक से तुमने आज वही शर्ट पहन ली जबकि तुम ऐसा कभी नही करते" |

रुद्र ये कहते कहते रोने लगा, दोनों एक दूसरे को गले लग कर बडी देर तक रोते रहे.... बिना खाए - पिए, बिना सोए पूरी रात बीत गई और ना जाने कब दोनों की आंख लग गई|

तभी मोबाइल की मैसेज टोन सुनकर श्रवण का ध्यान टूटा, उसकी धड़कन बिल्कुल रुक सी गई थी, उसे ऐसा लग रहा था जैसे वो रुद्र और हर्ष के बिल्कुल सामने बैठा था और यह सब कुछ उसकी आंखों के सामने ही हो रहा हो |

अब उसे कुछ भी अच्छा नहीं लग रहा था, वह अपने मन ही मन बोला, " जिंदगी कितनी बेदर्द है, मुझे लगता था मैं ही दुखी और परेशान हूं लेकिन यह लोग.... यह लोग तो मुझसे भी ज्यादा दुखी हैं, हे भगवान आखिर ऐसा क्यों होता है" तभी उसने मोबाइल उठाकर देखा और मैसेज चेक किया जो एक नोटिफिकेशन का था जिसमें लिखा था कि अब सक्सेना जी का मोबाइल ऑन हो गया है, वह मन ही मन मुस्कुराया और बोला, " थैंक गॉड वो सही हैं" |

उसने उनको कॉल करने का मन बनाया लेकिन समय देखा तो रात के बारह बज चुके थे इसलिए उसने कल सुबह कॉल करने की सोची और वह फिर से किताब को खोलकर कहानी पढ़ने लगा लेकिन पेज खोलते हुए उसके हांथ कांप रहे थे |

मदन ने कई दिन पहले ही हर्ष और रुद्र दोनों को बता दिया था कि आज वह गांव जायेगा और उन दोनों को साथ में चलना है | वह दोनों भी जाना चाहते थे लेकिन शायद समय नहीं चाहता था कि वह दोनों जानकी की

शादी में जाएं |

मदन ने हर्ष को फोन किया और कहा, “ हां भैया आप लोग तैयार हैं या नहीं क्योंकि मैं बस निकल कर आपके घर आने वाला हूं और तीनो लोग वहां से सीधा गांव की बस पर बैठ लेंगे” |

इस पर हर्ष ने कहा, “ सॉरी यार.... हम दोनों तो अभी नहीं आ सकते, रूद्र की तबीयत सही नहीं है” |

मदन ने पूछा, “ क्या हुआ? आप दवाई ले लीजिए और चलिए” |

हर्ष ने दुखी मन से कहा, “ नहीं यार ऐसा करो, तुम जाओ और हम कोशिश करेंगे शादी वाले दिन आने की” |

यह सुनकर मदन थोड़ा सा खुश हो गया और बोला,

“ अच्छा भैया ठीक है, आप लोगों की जैसी इच्छा” तभी पीछे से रुद्र ने आवाज दी और कहा, “ यार हम आज चल तो नहीं सकते लेकिन मदन को छोड़ने तो चल सकते हैं” |

हर्ष ने रुद्र को पीछे मुड़कर देखा और कहा, “ तुम ऐसा चाहते हो”?

रुद्र ने नम आंखों से कहा, “ हां...” |

हर्ष ने मदन से कहा, “ तुम घर से निकलो, हम तुम्हे सीधा बस अड्डे पे मिलेंगे” |

ये कहकर दोनों घर से निकल लिए |

बस अड्डे पर मदन से मिलकर दोनों ने वह सोने के कंगन उसे देते हुए कहा, “ यह लो जानकी को पहना देना” |

कंगन देखकर मदन ने कहा, “ लेकिन भैया... आप लोग तो आओगे... आप लोग अपने हाथ से अपनी चीज देना, देखो यह तो गलत है” |

रुद्र ने मदन के हाथ पकड़ कर कहा, “ जिद नहीं करते मदन, हम लोग आने की कोशिश करेंगें लेकिन क्या पता तबीयत ज्यादा गड़बड़ हो गई और मैं ना पाया तो जानकी की चाहत अधूरी ही रह जाएगी, तुम उसको यह कंगन दे देना और हां हमारे बारे में जरूर बताना, और अगर हम आ गये तो फिर तो हम खुद उसे पहना देंगे” |

यह सुनकर मदन ने चुपचाप वो कंगन रख लिये और उदास मन से बोला, “ ठीक ही कह रहे हो आप, वैसे आपकी तबीयत मुझे भी ठीक नहीं लग रही, आप अपना ध्यान रखना, काश आप लोग भी चल सकते......, देखो ना सब कुछ तो अच्छा था लेकिन पहले रणबीर सर के साथ कितना बुरा हुआ, जिसकी वजह से हम लोग इतना परेशान थे और फिर यह तबीयत को भी अभी खराब होना था, चलो कोई बात नहीं” |

ये कहते हुये मदन का फोन बजा, जानकी का फोन था, जानकी भी बहुत खुश थी और बोली, "भैया कितनी देर में निकल रहे हो और हां मेरे कंगन ला रहे हो ना"?

मदन ने कहा "अरे चिंता मत करो बहना, मैं तेरे गहनों के बिना आऊंगा ही नहीं, मैं सब लेकर आ रहा हूं, बस रात भर का इंतजार कर" |

ये कहकर मदन ने फोन काट दिया तभी बस स्टार्ट हो गई, मदन ने अलविदा कहा और बोला, "वापस आकर सबसे पहले मैं आप दोनों के लिए दो बहने तलाश लूंगा तब तक ऐसे ही खुश रहिए, भगवान आप दोनों को ऐसे ही हमेशा खुश और साथ रखें |

ये कहकर वो बस में बैठ गया, बस चली गई, और दूर तक धूल उड़ती गई

और कुछ देर बाद बस ओझल हो गई |

रुद्र और हर्ष वापस अपने घर आ गये |

धीरे धीरे शाम अपने पैर पसार रही थी, हवाओं का रुख तेज हो रहा था और बादल आज घुमड घुमड कर आ रहे थे, दिसम्बर के महीने में ऐसा मौसम किसी तूफान का संकेत सा दे रहा था |

34

तूफान या कुछ और

हरिया कुछ बचे हुए पैसे से एक छोटा सा रेडियो ले आया था और खूब आराम से सुनता था | वह तो कम उसका पोता उस रेडियो का बहुत ही दीवाना था | घर में सब उस रेडियो से गाने और समाचार सुनते |

उसी शाम हरिया ने रेडियो का स्टेशन बदलकर समाचार लगाया तो समाचार में उसने सुना,

“ नमस्कार आज के मुख्य समाचार यह हैं की हिंद महासागर में एक बहुत जोर का चक्रवात उठा है, जिसके कारण भारत के कुछ हिस्सों को छोड़कर संपूर्ण भारत में बहुत तीव्र तूफान आ सकता है इसलिए सरकार ने समन्दर और नदियों के आस पास के क्षेत्रों में रेड अलर्ट लगा दिया है और मछुआरों से निवेदन किया है कि वह समुंदर के पास ना जाएं और वहां से सभी लोगों को सफलतापूर्वक हटाकर दूसरी जगह पंहुचा दिया गया है, आप लोगों से निवेदन है कि आप लोग घरों में रहें, जरूरत पड़ने पर ही बाहर निकले क्योंकि तेज तूफान, बारिश और ओले पड़ने की संभावना है, किसानों से खास अपील करी गई है कि वह अपने खेतों पर ना जाएं क्योंकि ओले पड़ने के साथ बिजली गिरने की भी बहुत अधिक संभावना है इसलिए घरों में रहें और ईश्वर से प्रार्थना करें कि इस भारी

प्राकृतिक आपदा से हमारी रक्षा करें, धन्यवाद" |

हरिया ने जैसे ही यह सुना उसने अपने आसपास के सभी लोगों को यह बताया |

चाची ने भी गप्पू से कहा, " अब दो-तीन दिन तक तू कहूं नाही जावेगा, हे भगवान आंधी तूफान से सबई का बचा लेहू" |

हरिया के बताने के बाद गांव के सभी लोग सचेत हो गये |

घर आकर उसने चाची से कहा, " रामू की अम्मा.... अच्छो भयो कि समय रहते हमने छप्पर हटवा के या टीन जडवा लई, नहि तो तूफान में तो छप्पर अप्पर जाने कहां उड़ कर जातो" |

चाची ने चिंता जताते हुए कहा, " तोका....इन सबई बातन की पडी है, ई काली आजहि कल में बच्चा देन वाली है और ई मुआ आंधी तूफान को अबहि आनो थो, कहीं कोनो परेसानी........." |

चाची बस इतना ही कह पाई कि तभी हरिया ने कहा, " अरी.....काहे परेसान हौ, बहू है घर मा, हम हैं, तुम हो, बस और के की जरूरत, भगवान सबई की रक्षा करेहैं, ई समाचार वाले तौ अईसे ही डरावत हैं, तुम परेसान ना हो" |

अब तक इस तूफान के आने की चेतावनी सभी सुन चुके थे लेकिन रणबीर इस बात से अनजान था, वो सीमा की याद में उसकी हर एक चीज देखता और पागलों की तरह अलमारियां खोल कर उसकी साड़ियां और कई चीजें अलमारी से गिरा देता और फिर फर्श पर बैठकर उनको देखकर छू छूकर कहता " लौट आओ सीमा...लौट आओ......." |

वो उसके सामान को देख ही रहा था कि तभी गिरे हुए सामान में उसे एक मोबाइल मिला, जिसे देखकर वह बहुत खुश हो गया | उसने मोबाइल को छूते हुए कहा, " मेरी सीमा का मोबाइल.... मेरी सीमा का शादी के पहले का मोबाइल, कितनी सादगी थी उसमें" |

यह कहते हुए नम आंखों से उसने मोबाइल को ऑन किया और मोबाइल की गैलरी देखने लगा ताकि वह अपनी सीमा की कुछ यादें देखकर उसको महसूस कर सके लेकिन जैसे ही उसने मोबाइल की गैलरी में पड़ी फोटो और विडियो देखें रणबीर को ना जाने क्या हुआ वो बौखला गया और मोबाइल को दीवार पर पटक दिया | वो अब पागलों की तरह चिल्लाने लगा, वह अपने घायल हाथ को जमीन पर पटक में लगा |

जिस सामान से वह अब तक लिपट लिपट कर सीमा को याद कर रहा था इसी सामान को तोडने फोडने लगा और देखते देखते उसने सीमा की अलमारी में आग लगा दी |

आग पूरे कमरे में फैल जाती है और फिर पूरे घर में, रणबीर ऊपर से नीचे आता है और अपने अपने आप गाड़ी निकालता हुआ गेट खोलने के लिए चिल्लाता है |

उसके आदमी उसे मना करते हुये बोले, " आप अभी आराम करें, बाहर ना जाएं या फिर हम मे से किसी को साथ लेकर चलें" लेकिन रणबीर हर बात से इंकार करता हुआ गुस्से में चिल्लाता वहां से बाहर चला जाता है |

बाहर आकर वह देखता है कि मौसम एकदम बदल चुका था, तेज हवाएं चलना शुरू हो गई थीं और आसमान में काले बादल छाने लगे थे | उसने गाड़ी चलाते-चलाते न जाने किस को फोन किया और कहीं पहुंचने की

बात करने लगा |

शाम अब धीरे धीरे ढल रही थी और मौसम अपनी करवटें बदल रहा था |

हर्ष और रूद्र चुपचाप बैठे थे, दोनों को ऐसा लग रहा था जैसे उनकी आंखों के सामने उनके नाजुक सपनों को समय की आंधी, जिंदगी की जमीन से उखाड़ कर फेंक रही हो और वह लाचार हों, इतने खामोश तो कभी न थे वो |

कमरे की खामोशी तोडते हुये रूद्र बोला, "चल बाहर घूम के आते हैं" |

हर्ष ने कहा, " हां बिल्कुल लेकिन मौसम बहुत खराब लग रहा है" |

रूद्र में कहा, " मौसम खराब कहां है, यह तो अच्छा है, कम से कम हमारे मन के अंदर के मौसम से तो कहीं बेहतर है" |

यह कहकर हर्ष कार निकालने लगा तो रुद्र ने मना कर दिया और कहा कि, " आज कार से नही बाइक से चलते हैं"|

इस पर हर्ष ने कहा, " यार कार से चलते हैं, बाइक पर तुम्हें सर्दी लग जाएगी और कहीं बारिश शुरू हो गई तो फिर तुम्हारी तबीयत और बिगड़ जाएगी" |

रुद्र ने मुस्कुराते हुए कहा, " क्या यार..... बस, अब मैं इंजॉय भी नहीं कर सकता, यही तो परेशानी होती है" |

हर्ष उसके आगे कुछ भी नहीं बोल सका और हंसकर बाइक निकालने लगा |

दोनों बाइक पर बैठे और निकल पड़े |

रूद्र हर्ष के पीछे बैठकर लंबी लंबी सांसे ले रहा था जैसे वह इस ठंडी हवा को महसूस कर रहा हूं लेकिन हर्ष बिल्कुल चुप था तभी रूद्र ने कहा, "अरे यार अभी तो मैं बहुत दिन जिंदा रहूंगा, अभी से मातम मत मनाओ, मुझे नहीं अच्छा लगता है ये रोना-धोना, इतनी जल्दी कहीं नहीं जा रहा मैं"|

हर्ष रोने लगा और बोला, "हमने क्या किसी का बुरा किया है जो भगवान हमारा करेगा, मुझे भरोसा है तुम एक दिन ठीक हो जाओगे, मैं रणबीर सर से कहूंगा तुम्हें अमेरिका ले जाए और वहां तुम जरूर ठीक हो जाओगे" और मुझे पूरा विश्वास है वह हमारी मदद करेंगे" |

रूद्र बोला चलो भाई, " महात्मा जी आपका प्रवचन और बोरिंग बातें खत्म हो गई हों तो मुझे अमेरिका बाद में घुमाना पहले वही मोमोस खिलाओ, बहुत दिनों से नहीं खाये" |

यह कहकर हर्ष हुए उसे मोमोज खिलाने ले गया | ठंडी हवाएं दोनों को छूकर गर्म हो रही थीं, दोनों के चेहरे अब पीले से पड़ गए थे, दोनों एक दूसरे को देख कर बार-बार मुस्कुराते और मोमोज खाते, मानो जिंदगी की सारी खुशी ही कहीं चली गई हो |

35

कौन हैं ये लोग ?

मोमोस खाने के बाद रूद्र ने कहा, " यार ऐसा करते हैं आज बाहर से ही खाना भी खा लेते हैं, घर पर कुछ बनाने का मन नहीं है" |

हर्ष ने बड़े प्यार से कहा, " कोई बात नहीं तुम्हारा मन नहीं है तो मैं बना दूंगा" |

रुद्र ने तिरछी नजरों से हर्ष को देखा और कहा, " लेकिन मेरा तो बाहर खाने का ही मन है और वैसे भी एकदम से इतना बदलाव क्युं, जैसे हो वैसे रहो, मुझे किचेन में हमेशा घुसा देते हो और अब....." |

हर्ष ने उसके हांथ पकड़ कर प्यार से कहा, " क्या खाओगे बताओ"?

रूद्र ने कहा, " चलो ना.... कनॉट प्लेस चलते हैं, वहां के हनुमान मंदिर के पास कि वह कचौड़ी ना सच में बडी मजेदार है, उसकी कचौडियों के जैसा तो कोई बनाता ही नही" |

हर्ष इस बात पर मुस्कुराता है और बाइक स्टार्ट करके बोलता है, " कनॉट प्लेस क्यों, तुम्हें अपनी ससुराल लेकर चलता हूं.... वही वाली कचौडियां

खिला कर लाता हूं" |

दोनों वो बात याद करके बड़ी जोर जोर से हंसने लगे और हंसते-हंसते दोनों की आंखें भर आई | दोनों बिना कुछ बोले बाइक पर बैठ गये और हनुमान मंदिर के पास आ गये |

वहां पहुंचकर उसने देखा लोग जल्दी जल्दी अपनी दुकानें बंद कर रहे थे क्योंकि सभी ने समाचार तो सुन ही रखा था और मौसम भी खराब होने लगा था | कचौड़ी वाले के पास पहुंचते ही रूद्र में कचौड़ी मांगी तो कचोरी वाले ने हंसकर कहा, " भैया आप बहुत लकी हैं, दुकान बस बंद करने वाला था, यह लो एक प्लेट बची है जो शायद आप ही के लिए है" |

यह कहते हुए प्लेट उसने रूद्र को दे दी |

खाने के बाद हर्ष ने कहा, " अब ऐसा है मौसम, कुछ ज्यादा ही खराब होने वाला है बारिश की बूंद गिरने लगीं हैं, अब देर मत करो, चलते हैं.... वरना तुम्हें तो ठंड नहीं लगती, मेरी तो कुल्फी जम जाएगी और वह भी बाइक से" |

यह कहकर दोनों घर के लिए निकल पड़े |

चारों ओर ठंडी हवाएं तेज होने लगीं थीं और बारिश की बूंदे धीरे-धीरे पडने लगी थीं |

इधर हरिया की भैंस काली जोर जोर से चिल्लाने लगी और घर के सभी लोग काली के पास बैठ गए, गप्पू पूरे घर में चिल्ला रहा था," छोटा बच्चा आवेगा, काली का, काली का छोटा बच्चा आवेगा काली का "|

काली का चिल्लाना कम ही नहीं हो रहा था, वह कई घंटों से बराबर चिल्लाए जा रही थी, चाची अब दुखी और परेशान हो गई थी तभी काली

के खून की धार बहने लगी जो रुकी नहीं रही थी |

बारिश और हवायें तेज हो चली थी, ठंडी हवाएं टीन के नीचे कुछ इस तरह आ रही हूं थी, जैसे कोई बर्फ के गोले मार रहा हो |

हरिया ने आग जलाने की काफी कोशिश की लेकिन हवा इतनी तेज थी की आग ना तो जल पा रही थी और ना ही तो आज जलाना ठीक था |

काली अब बेदम सी होती जा रही थी और उसका बच्चा पैदा होने लगा था |

जैसे तैसे चाची ने बच्चे को निकाला तो सारे लोग बहुत खुश हो गए कि आखिरकार काली का बच्चा हो गया लेकिन यह क्या, बच्चा जैसे ही बाहर निकाला गया, ना ही तो वो उठकर खड़ा हुआ और ना ही चिल्लाया क्योंकि बच्चा तो मरा हुआ था, जिसे देख सारी खुशी मातम में बदल गई,

चाची ने उसके पैर देखें तो उसकी खाल चाची के हाथ में आ गई क्योंकि बच्चा गर्भ में ही मर चुका था और अब धीरे-धीरे सडने लगा था जिसके कारण काली दो-तीन दिन से ज्यादा कुछ खा नहीं रही थी और कई बार चिल्ला रही थी लेकिन वह लोग शायद समझ नहीं पाये |

हरिया, चाची बहू और गप्पू सब काली के चारों ओर सर पकड़ कर बैठ गए, काली भी बेचारी जमीन पर बेसुध लेट गई थी, जैसे चिल्ला चिल्लाकर वो बेदम हो चुकी हो |

हवाएं और बारिश तेज हो चुकी थीं और ओलों की शुरुआत हो रही थी |

उधर जानकी और उसके पिताजी अपने टूटे हुए घर में बैठकर भगवान से प्रार्थना कर रहे थे कि यह तूफान धीमा पड़ जाए और उसका भाई सही सलामत घर आ जाए क्योंकि अगर तेज तूफान आ गया तो शादी की भी व्यवस्था करना मुश्किल हो जाएगा, उनके घर में अब पानी आने लगा

था जिसे दोनों मिलकर बाहर निकालने में जुटे थे तभी जोर से बिजली कडकी और जानकी घबरा गई |

इधर मदन बस में बैठा शादी के इंतजाम की सोच रहा था लेकिन खिड़की से बाहर का मौसम देख कर बोला, " यह तूफान को भी अभी आना था, शादी का सारा मजा किरकिरा कर देगा, बारिश तेज होने लगी थी और बादल कडकड़ाने लगे थे |

बारिश के डर से हर कोई बस में बैठा अपनी खिड़की बंद कर रहा था तो मदन ने भी अपनी खिड़की बंद कर ली और तभी एकाएक उसकी बस रुक गई |

ड्राइवर ने शीशे से बाहर अपना सिर निकालकर कहा,

" अबे अंधा है क्या? मरना है तो ट्रेन के आगे जा, बस के आगे जाने से तो सिर्फ टूट जाएगा" |

ये सुनकर गाड़ी में बैठे उन दो आदमी ने उसको कोई जवाब नहीं दिया और वह गाड़ी से निकल कर बस का दरवाजा खोलकर बस में आ गये और मदन को सामान सहित उतार ले गए, मदन के साथ कई लोगों ने इसका विरोध भी किया लेकिन उन्होने सबको चुप रहने को कहा और सभी देखते रह गए |

बस दुबारा चल दी |

उन दो आदमियों ने मदन को सामान सहित गाड़ी में बिठाने की कोशिश की तो मदन नही माना जिसपर उन दोनों ने उसकी कनपटी पर गन तान दी और कहा, " इसे जानता है ना क्या है ये? चल जायेगी तो ......" |

उस आदमी ने इतना ही कहा और मदन घबराकर कार में बैठ गया |

वो दोनों उसे बारिश में ही वहीं एक घने बाग में ले जाने लगे जहां दूर तक कोई नही था सिवाय इस तूफ़ान के |

मदन को कुछ समझ नही आ रहा था कि आखिर कौन हैं ये लोग? और उसे कहां ले जा रहे हैं ?

36

धोखा

मदन डरा सहमा इस तूफानी बारिश मे उन दो अजनबी आदमियों के साथ चलता जा रहा था तभी उसे कार से उतारा गया और खडा कर दिया गया | वह कुछ समझता कि इससे पहले उसने देखा उसके ठीक सामने रणबीर गन लिए खड़ा है |

मदन के हाथ से बैग छूट गया, वह कुछ कहता इससे पहले रणबीर ने मदन के एक पैर में गोली मार दी और बोला, "नमक हराम! तूने मुझे धोखा दिया, सीमा तुझसे प्यार करती थी और तू सीमा से...., तुम दोनों प्यार करते थे और मुझे कभी बताया तक नहीं, तुम दोनों मुझे धोखा दे रहे थे, वो प्यार, शादी, मीठी बातें सब कुछ झूठ था और मैं बेवजह ही अपने अंदर ही अंदर जल रहा था, अपने आप को कोस रहा था, उसकी यादों मे मर रहा था, आखिर मेरी क्या गलती थी, यही कि मैने एक सीधी सादी लडकी से प्यार किया, सच्चा प्यार, और कुछ नही देखा.....क्या मेरी ये गलती थी कि मैने तुझे नौकरी दी, उस नालायक सीमा ने मुझे इतना बड़ा धोखा दिया, अरे क्या कमी रह गई थी मेरे प्यार में, मैं हर चीज में तुझसे........ तुझसे अच्छा हूं, दिखने में तुझसे अच्छा हूं, पढ़ा-लिखा तुझसे ज्यादा हूं और करोड़ों का मालिक हूं लेकिन वह हरामजादी मेरी आंखों में धूल झोंक रही थी, तुझसे..... तेरे जैसे कीड़े से प्यार करती थी, मैं तुझे जिंदा नहीं छोड़ूंगा लेकिन तुझे बताना पड़ेगा कि आखिर

क्यों...??? क्यों तुम दोनों ऐसा कर रहे थे"???

मदन डरते हुए बोला, " नहीं सर... ऐसा नहीं है जैसा आप समझ रहे हैं, अ...अ...आप.....आपको जरूर कोई गलत फहमी हुई है, मैने तो उन्हे कभी नजर उठाकर देखा तक नही, प्लीज सर मैंने कुछ नहीं किया मुझे छोड़ दीजिए" |

मदन की बात सुनकर उसे और गुस्सा आ गया और उसने मदन के एक जोरदार तमाचा मारते हुये कहा, " मै

ये गोली तेरे सीने मे भी मार सकता था लेकिन नही, बिना सारी बात जाने मै ये नही करूंगा, लेकिन अगर तू ऐसे ही करता रहा तो मुझे अपना इरादा बदलना पडेगा" |

इतना कहकर रणबीर ने उसके सिर पर गन तान दी और मदन डरते हुये बोला,

" मैंने सीमा को पहले ही मना किया था कि मैं तुम्हारे लायक नहीं पर उसने एक न सुनी, मैं उसे इतना पसंद जो था और सच पूछो तो पहली नजर में ही सीमा मुझको भी पसंद आ गई थी, हम दोनों आपकी ही कंपनी में मिले थे जब हम दोनों ही नौकरी की तलाश में गए, उसे तो नौकरी मिल गई लेकिन मुझे नही, वहीं हम दोनों की नजरों नजरों में बातें हो गई और फिर हम मिलते रहे और हमें प्यार हो गया लेकिन जब उसे पता चला आप उसको बहुत प्यार करते हैं तो वह और ज्यादा खुश हो गई और उसने यह बात मुझे बताइ, मेरा यकीन मानिए मैंने उसको बहुत समझाया कि वह चाहे तो आपको हमारा सच बता दे या फिर मुझे छोड़ दे लेकिन उसने मेरी बात नहीं मानी और बोली कि आपसे शादी करने में उसे बहुत फायदा है, जो वह जिंदगी में कभी सोच भी नहीं सकती वह सब कुछ आपसे शादी करने के बाद उसे हासिल हो जाएगा |

यह सुनकर रणवीर का गुस्सा आपे से बाहर हो गया उसने मदन को उठाकर जमीन में पटक दिया और वो पूरा कीचड मे सन गया, रणबीर भी उसके साथ कीचड मे बैठ कर उसके बाल नोचते हुये बोला,

" चल मान ली तेरी बात कि तू बडा भोला भाला था लेकिन जब वह मुझे धोखा दे रही थी, जब तेरे दिल में इतना मेरे लिए प्यार उमड़ रहा था तो तू मुझे नहीं बता सकता था, जबकि तू भी जानता था कि मैं कभी भी तुझे रास्ते से हटवा सकता था और अगर यह बात मुझे पता चलती तो मैं खुद तुम दोनों को मार देता लेकिन कोई बात नहीं, उसे तो भगवान ने मार दिया और तुझे मैं मार दूंगा" |

यह सुनकर मदन हाथ जोड़ते हुये बोला, " नहीं... नहीं.. आप गलत सोच रहे हैं, उसे भगवान ने नहीं मारा दरअसल उस दिन उसने एक प्लान बनाया था कि मैं आप दोनों को छोड़ने जाऊंगा और रास्ते में किसी बहाने से वह गाड़ी से उतर जाएगी और मैं भी उसके साथ उतर जाऊंगा और जैसे ही आप अकेले गाड़ी में रहोगे, हाईवे पे आपका एक्सीडेंट करवा दिया जाएगा, वैसे भी आप इतने नशे मे थे कि ये बात लोग आसानी से मान लेंगे, लोगों को लगेगा कि यह एक एक्सीडेंट था और फिर उसके बाद सारी जायदाद की मालकिन सीमा होगी, फिर उसका काम आसानी से हो जाएगा, जवान होने के कारण आपके मां-बाप खुद कहेंगे कि बेटी दूसरी शादी कर लो और फिर वह मुझसे शादी कर लेगी और सच कहूं सर तो मैं भी लालच में आ गया था" |

यह कहकर मदन जोर जोर से रोने लगा और ये सुनकर रणबीर को और गुस्सा आ गया, उसने मदन के दूसरे पैर में भी गोली मार दी जिससे मदन जमीन पर घुटनों के बल गिर पड़ा |

रणबीर अब पूरी तरह से पागल हो चुका था, उसके सिर पर खून सवार था, उसने हंसते हुये कहा, " लेकिन होनी को तो कुछ और मंजूर था, तुझे

मैंने गाडी चलाने से मना कर दिया और फिर वो जानती थी कि मैं उसे कभी गाड़ी नहीं चलाने दूंगा लेकिन उस रात मैं इतना नशे में और खुश था कि मैंने उसकी बात मानकर उसे गाड़ी चलाने दी, अब मैं समझा कि वह बार-बार गाड़ी चलाती हुइ ना जाने क्यों इतना घबरा रही थी और फोन करने की कोशिश कर रही थी लेकिन मैंने उसका फोन छीनकर जैसे ही अपने पास रखा कि तभी अचानक एक ट्रक ने हमारी गाड़ी पर टक्कर मार दी, इसका मतलब वह या तो तुझे फोन कर रही थी या फिर उस अपने ट्रक वाले को, सच में मैंने सपने में भी नहीं सोचा था कि मैं एक ऐसी लड़की से प्यार करूंगा जो इतनी मक्कार और एहसान फरामोश हो और उससे ज्यादा मक्कार तू है लेकिन समय सबका बदलता है, अब समझ आया कि सीमा हर काम तुझसे क्यों कहती थी, जबकि ऑफिस में इतने सारे लोग थे, वो शादी के दिनों मे भी क्यूँ ऑफिस आती रहती, क्युं उसे दिल्ली में ज्यादा अच्छा लगता" |

रणबीर अब सीमा की हर वो बात याद करके मदन को सुना रहा था जो उसने नजर अंदाज की थी |

रात का अंधेरा अब बवंडर सा बनता जा रहा था, आसमान काला हो चुका था, बारिश और तेज हो चुकी थी, बिजली बार-बार कड़क कर इस आने वाले तूफान का संकेत दे रही थी जिससे हर कोई घबराया हुआ और डरा हुआ था |

बर्फीली हवा के झोंकों से हड्डियां तक ठंडी पड़ती जा रहीं थीं और बारिश और तेज हो चुकी थी |

37

डरावना सपना या सच

रणवीर ने मुस्कुराते हुए मदन के सीने में गोली दाग दी और कहा, “ चल मेरे हाथ से जहां इतने अच्छे काम हुए हैं, एक काम और अच्छा हो जाने दे, तेरी सीमा के पास तुझे पहुंचा दूं” |

मदन की सांसे टूटने लगीं थीं और रणबीर वहीं खडा हंस रहा था, मदन आसमान की ओर देखकर जोर जोर से रो रहा था तभी जोर से बिजली कडकी, जिसकी आवाज से वो कांप गया |

बिजली के कडकने से मानो श्रवण भी घबरा गया हो और उसके हाथ से किताब छूट गई, श्रवण का पूरा चेहरा गीला हो चुका था, वह उठ कर बैठ गया, अचानक ही उसे लगा कि अरे मै तो ट्रेन में हूं मैं भीग कैसे गया तभी उसे खयाल आया कि वो पसीने से भीग चुका है | मदन के सीने का दर्द उसे महसूस हो रहा था, लेकिन बेवफाई का दर्द शायद इससे भी ज्यादा था | उसका दम फिर घुटने लगा और बार-बार वह अपनी बीती जिंदगी का हर पल महसूस करने लगा, बचपन के ताने, जवानी का प्यार, घर छोडना, मीरा से शादी करना, श्रेय़ांश का आना और फिर यूं चले जाना, श्रवण आज भी दुखी था, अपनी जिंदगी की किताब के बिखरे

पन्ने समेटते समेटते वो थक चुका था |

उसने एक लंबी साँस ली, ट्रेन अपनी रफ्तार से चलती जा रही थी, बाहर अभी भी अंधेरा था, श्रवण को एक अजीब सा गुस्सा आ रहा था, उसने सोच लिया कि वह किताब नहीं पढ़ेगा, उसने किताब को सिरहाने पर पटक दिया और कुछ देर के लिये बाथरूम की तरफ चला गया |

बाथरूम से निकलते ही उसे दो लडके सगरेट पीते हुये दिखे जिन्हे अचानक अपने सामने देख वो घबरा गया |

उसे घबराया देख उनमें से एक लडके ने मुस्कुराते हुये श्रवण से कहा, " क्या हुआ??? डरो मत हम कोई भूत नही हैं, सिगरेट पियो तो बताओ" |

ये कहते हुये उसने उसकी ओर सिगरेट बढा दी तभी उनमे से दूसरा लडका बोला, " क्या रुद्र यार, क्युं उसे परेशान कर रहा है, सब नही पीते" |

ये सुनकर दोनों हंसने लगे और ट्रेन का दरवाजा खोलकर सिगरेट पीने लगे, दरवाजे से हांड कंपा देने वाली ठंडी हवा अन्दर आने लगी जिससे श्रवण बर्फ सा जमने लगा तभी किसी ने उसके कन्धे पर हांथ रखा और कहा, " क्या हुआ, आपको ज्यादा ठंड लग रही हो तो आप मेरा ये मेरी शॉल ले लीजिये, वैसे भी मैं किसी को परेशान नही देख सकता" |

ये कहकर एक बहुत सुंन्दर और अमीर से दिखने वाले लडके ने उसे अपनी शॉल उढा दी और वो भी उन दो लडकों के पास खडा हो गया, तीनो मुस्कुराते हुये एकटक श्रवण को देख रहे थे, अब उसे एक अजीब सा डर लग रहा था |

वो कुछ और समझता या कहता कि तभी टॉयलेट से किसी बच्चे के रोने की आवाज आई, वो जल्दी से टॉयलेट के अन्दर गया तो देखा एक

बुढा आदमी उस बच्चे से कह रहा था, “ काहे रो रहा है रे गपुआ......अब चलती ट्रेन में बार बार ट्ट्टी पेशाब करेगा तो गिरेगा ही, गप्पू ने हंसते हुये हरिया को देखा और बाहर की ओर इशारा करने लगा तो हरिया भी बाहर की ओर देखने लगा, जब दोनों श्रवण की ओर देखने लगे तो वो और ज्यादा डर गया और भागते हुये अन्दर की ओर जाने लगा तभी वो किसी लडकी से टकरा गया जिसने टकराते ही कहा, “ हां सुनो, तुमने मेरे मदन भैया को देखा है क्या”?

श्रवण ने डरते हुये कहा, “ न....न....नही तो......त...त....तुम जानकी हो क्या” ?

श्रवण को इतना डरा हुया देख जानकी हंसते हुये बोली, “ ये तो पागल लगता है, इसे पता ही नही कि मै कौन हूं तो भला मदन भैया के बारे में क्या पता होगा”?

इतना कहकर वो भी हर्ष, रुद्र, रणबीर के पास खडी होकर मुस्कुराने लगी और इतने में ही हरिया और गप्पू भी उनके पास खडे होकर मुस्कुराने लगे, सब के सब एकटक श्रवण को ही देखे जा रहे थे और श्रवण डर के मारे वहीं जम सा गया था, वो चिल्लाना चाहता था लेकिन डर के मारे उसकी आवाज उसके गले से निकल ही नही रही थी, वो ये सोच ही नही पा रहा था कि वो एक डरावना सपना देख रहा है या ये सब हकीकत है |

श्रवण की सांसे अब रुक सी रहीं थीं कि तभी वो सब एक साथ एक आवाज में बोले, “ परेशान मत हो... एक दिन ये समय सब कुछ ठीक कर देगा” |

उनके इतना कहते ही वो सब एक एक करके ट्रेन से नीचे कूदने लगे और श्रवण चाहकर भी उन्हे ना तो रोक सका और ना ही चिल्ला सका लेकिन सबसे आखिर में जब गप्पू बाहर कूदा तो अचानक उसके पैर हिले और गले से एक चीख निकली, वो सीधा दरवाजे की ओर भागा कि तभी किसी ने उसका हांथ तेजी से पकडा और चिल्लाकर कहा,

“ अबे तू फिर मरने आ गया, तुझे मैने पहले भी कहा था कि अपनी सीट पे जाके बैठ, लेकिन तू तो बडा ढीट है, जेल जाके मानेगा क्या” ?

श्रवण ने चिल्लाते हुये कहा, “ वो ....वो लोग ..... सब कूद गये...कूद गये...व...वो सब” |

उसे पकडने वाला वही पुलिस वाला था जो ट्रेन में ड्यूटी कर रहा था | उसने जोर से कहा, “ अबे पागल किसे बना रहा था तेरे अलावा और कौन है यहां, अब जा अपनी सीट पर, तेरे जैसे दो चार और मिल जायें तो मेरा तो हो गया” |

श्रवण अपनी सीट पर जाने लगा, उसने अपने कंधे पर हांथ फेरा तो शॉल गायब थी | वो बिल्कुल हक्का बक्का सा अपना पसीना पोंछते हुये अपनी सीट पर लेट गया और सोचने लगा कि कहीं वो पागल तो नही हो रहा क्युंकि जो अभी उसके साथ हुआ वो उसे बिल्कुल ही सच लग रहा था |

पुलीस वाले ने भी जल्दी से ट्रेन का दरवाजा बन्द किया और ये कहते हुये वहीं अपना स्टूल डालकर बैठ गया कि “ कुछ तीन चार घंटे का और सफर बचा है, यहीं बैठ जाता हूं वर्ना ये लडका तो मरने पे उतारू है, पता नही क्या हो गया आज कल के लडकों को” |

श्रवण भी एक कशमकश मे लेटा हुआ अपने दिमाग पर जोर डाल रहा था तभी उसने ये सब उसका दिमाग का वहम है कहकर फिर किताब को उठाया और अपनी धीमी धड़कन के साथ किताब को पढ़ना शुरू कर दिया |

38

तुम्हारा रुद्र...

हर्ष और रूद्र को भी अच्छा लगा बाहर जाकर, दोनों हल्की बारिश में भीग कर आए, उन्होंने अपने गीले कपड़े उतार कर सूखे कपड़े पहने लेकिन आंखों की नमी कैसे दूर करते, काश कोई मन की उदासी को भी बदल पाता कपड़ों की तरह, दोनों ही एक दूसरे को हंसा रहे थे लेकिन उनके मन में क्या चल रहा था वह खुद ही जानते थे |

रूद्र ने कमरे की खिड़कियां बंद करते हुए कहा, " यह तूफान भी ना..... आज ही के दिन इसे आना था, बेचारा मदन तूफानी रास्ते में सफर कर रहा होगा" |

उसकी बात सुनकर हर्ष ने कमरे की दूसरी खिड़की बंद करते हुए कहा, " सही बात है..... और रणवीर सर को तो होश ही नहीं होगा कि बाहर इतना तूफान आ रहा है, उन्होंने तो कमरे के अंदर से निकलना ही छोड़ दिया, खैर उनकी बात छोड़ो... अब तुम कुछ देर आराम कर लो" |

रूद्र ने मुस्कुराते हुए कहा, " अब तो आराम ही करना है, अब तो सारा काम तुम्हें ही करना है" |

हर्ष ने उसको गले लगा कर कहा, " बकवास बंद करो जो काम तुम करते

थे, वह सारे काम तुम्हें ही करने होंगे, मैं कोई काम वाम करने वाला नहीं, हां बाहर के मैं सारे काम निपटा लूंगा, फिलहाल इस तूफानी रात में अब ज्यादा जगने की जरूरत नहीं है लेट जाओ" |

यह कहकर वह दोनों लेट कर बातें करने लगे |

आधी रात धीरे धीरे बीत रही थी, दिल का डर कम था डराने के लिए जो हवा भी बारिश और ओलों के साथ खतरनाक दस्तक दे रही थी, मानो विनाश साक्षात आसमान से उतर कर सबकी जिंदगी में आ गया हो, जो समय कल तक खुशियां ले कर आने वाला था, वो भयावह मौत और मुश्किलों का बवंडर ले के आ गया |

बारिश अब अपना विकराल रूप धारण कर चुकी थी और साथ में पडने वाले बर्फ के ओले बर्बादी का मंजर दिखा रहे थे |

काली अब फिर चिल्लाने लगी..... पानी और बर्फीली हवा बाहर से लेकर अंदर तक पूरे घर को जमाए दे रही थी तभी हरिया ने चाची और बहू से उदास होकर कहा, " अरे अब टुकुर टुकुर देख का रही हो, अब जो होना था सो तो ही गवा, अब तुम अंदर जाओ बहू को लेकर, तूफान में काहे तबीयत खराब कर लोगी, हम काली को देखे हैं... जाओ...." |

उनकी बात सुनकर चाची बहू को अंदर लेकर चली गईं और हरिया काली का पेट सहलाने लगा लेकिन ठंड से हरिया की सांस उखड़ने लगीं |

चबूतरे पर पड़ी टीन पर पड़ने वाले ओले और बारिश की आवाज में काली का चिल्लाना और हरिया का कराहना न जाने कहां दब गया था |

बिजली बराबर कड़क रही थी कि तभी बीच रात हर्ष उठा और रूद्र से बोला, "तुमसे एक बात कहूं, मैंने फैसला किया है कि मैं शादी नहीं करूंगा क्योंकि मैं तुम्हें ऐसे नहीं छोड़ सकता, रूद्र ने कोई जवाब नहीं दिया,

हर्ष ने कहा मैं पूरी जिंदगी तुम्हारी सेवा करूंगा और तुम जरूर ठीक हो जाओगे, मैं तुम्हारी सर्जरी जरूर करवाऊंगा, तुम्हें याद जब हमने अपने मम्मी पापा को खोया था, हम बहुत दुखी थे लेकिन फिर भी हम इतने नहीं टूटे थे क्योंकि हम दोनों को ही पता था कि हम दोनों एक साथ हैं, फिर हमारे ऐसे भी दिन आये जब हमारे पास खाने को नही था, वो दिन भी एक साथ ऐसे कट गये पता ही नही चला, तुम घबराओ नही ये दिन भी वैसे ही कट जायेंगे, हम ही तो एक दूसरे का सहारा हैं लेकिन सच कहूं तो अब मैं डरने लगा हूं तुम्हें खोने से, बार बार अपने दिल को तो समझा लेता हूं लेकिन ये साला दिमाग हमेशा दिल पर भारी पड जाता है और फिर मैं......" |

हर्ष ने इतना ही कह पाया और रोते हुए रूद्र का हाथ पकड़ा और चीख उठा क्युंकि रूद्र इस दुनिया को अलविदा कहकर जा चुका था |

बाहर बादल जोर जोर से गरज रहे थे लेकिन उनसे ज्यादा गरज हर्ष के रुदन में थी | वो रुद्र का सर गोद में रखकर रोने लगा, उसका दिल फटा जा रहा था, जिस बात का डर था वह इतनी जल्दी हो जाएगी उसे अंदाजा तक नहीं था |

रोते रोते उसकी नजर तकिए के पास रखे कागज पर पडी, जिसमें लिखा था, "दोस्त हमारी जिंदगी में बहुत उतार-चढ़ाव आए पर मैंने कभी भी तुमको इतना दुखी नहीं देखा जितना बीते चार दिनों में, और मैं खुद भी दवाइयां और अस्पतालों में अपनी बची जिंदगी बिताना नहीं चाहता, तुम अपना ध्यान रखना, ऐसा मत सोचना मैंने तुम्हें जिंदगी के इस लंबे सफर पर अकेले छोड़ दिया क्योंकि मैं तुमसे प्यार नहीं करता था, मैं तुम्हें छोड़कर इसलिए जा रहा हूं क्योंकि मैंने तुमसे ज्यादा अपनी जिंदगी में किसी को प्यार नहीं किया, तुम मेरे लिए दोस्त ही नहीं मेरे भाई, बहन, मां-बाप थे और मैं नहीं चाहता था कि तुम अपना हर एक दिन डर में गुजारो कि एक दिन मैं तुम्हें छोड़ कर चला जाऊंगा क्योंकि धीरे-धीरे सब ठीक हो जाता है, हो सके तो मुझे माफ कर देना लेकिन

सच में यार तुम बहुत याद आओगे... बहुत....

तुम्हारा रुद्र....." |

ये पढकर हर्ष ने रुद्र को गले से लगा लिया और बोला, " तुमने ये ठीक नही किया यार.....हर बात तो मुझे बताते थे, ये भी बता देते तो हम दोनों साथ चलते, तेरे बिना ये दुनिया जीना तो एक बेईमानी सी होगी.....मेरे यार आजा वापिस.." |

रुद्र ने जहर खाकर अपनी जान दे दी थी | उस रुद्र ने जो सबको जीने का नजरिया दिखाता था |

बारिश अभी भी बराबर हो रही थी |

हर्ष बुत की बैठा था उसके एक हाथ में वो चिट्ठी थी, गोद मे रुद्र का सिर, वो दूसरे हाथ से बराबर रूद्र का सिर सहला रहा था और उसे एकटक देखे जा रहा था..... |

आसमान में अब एक बड़ा बवंडर बन रहा था, बड़े-बड़े पेड़ उखडकर गिरने लगे थे, घरों की लाइट कब की जा चुकी थी | खिड़की दरवाजे इस तरह हिल रहे थे जैसे कोई दैवीय शक्ति या शैतानी शक्ति पूरे घर पर हावी हो रही हो |

अचानक हरिया के घर के सामने का पेड़ जड़ सहित उखड़ कर गिर गया और हरिया समझ गया यह तूफान कितना विकराल हो चुका है |

39

समय का कुचक्र

हरिया काली को सहलाते हुए बोला, " चुप हुई जा काली.... चुप हुई जा.... हे राम...ई का सक्ती देओ...बेचारी......." |

तभी काली चिल्लाते चिल्लाते एकदम जंजीर तोड़कर भाग खड़ी हुई, और हरिया को भी न जाने क्या हुआ कि वह बिना कुछ सोचे समझे उसके पीछे भाग पड़ा, चाची ने जब उसकी आवाज सुनी तो वह भी उसके पीछे भाग गई |

बिजली बार बार कौंध कर कलेजे का खून सूखा रही थी |

इस काली अंधेरी तूफानी रात में काली न जाने कहां गायब हो गई, हरिया बिल्कुल बांवरा हो गया, वो कभी इधर भागता तो कभी उधर लेकिन मूसलाधार बारिश और ओलों की वजह से पास तक की चीजों को देख पाना मुश्किल था तो काली कहां दिखती तभी हरिया को ठोकर लगी और वो जमीन पर पीठ के बल गिर पड़ा, वो ठंड से कांप रहा था, उसने आसमान की ओर देखा तो बिजली इतनी तेज कौंधी कि उसकी आंखों के सामने एकाएक उजाला होने के बाद अंधेरा छा गया, उसे ऐसा लगा जैसे उसकी आंखों की रोशनी चली गई, कान के पर्दे फट गए, वह एकदम से सुन्न पड़ गया |

हरिया को ढूंढने चाची पीछे-पीछे निकल पडी, कुछ दूर पर उन्होंने जाकर देखा हरिया जमीन पर पड़ा था और उसके शरीर पर ओलों की परत जम चुकी थी | चाची से हरिया उठा नहीं तो उन्होंने जाकर बहू को बताया | बहु बेचारी जल्दी से उठ कर आई और दोनों ने मिलकर हरिया को उठाकर वहीं टीन के नीचे लिटाया, इतनी रात में आखिर वह मदद के लिए किसको बुलाती, वह भी इस तूफानी काली रात में |

चाची जोर जोर से रोने लगी थीं और हरिया को उठाने की कोशिश कर रही थीं लेकिन हरिया की सांसे अब हमेशा के लिए थम चुकी थीं |

दोनों पागलों की तरह चीख चीख कर रो रही थीं, उनकी चीख सुनकर गप्पू भी उठकर बाहर आया और वह भी दोनों के साथ रोने लगा |

धीरे-धीरे रात बीत रही थी और तूफान थमने लगा था |

जैसे तैसे सुबह हो गई हरिया अब चैन की नींद सो रहा था लेकिन चाची बहू और गप्पू बिलख बिलख कर रो रहे थे, वो बार-बार कहता, "बाबा.... उठो..... बाबा.... उठो....., हमका कुछ नाहीं चाहिए, हमका कुछ नाहीं चाहिए, उठो बाबा" |

पूरा गांव अस्त व्यस्त हो चुका था, कोई अपना टूटा घर देखता तो कोई अपनी बर्बाद फसल |

हरिया के आस पास भीड जमा होने लगी, रात के तूफान के बाद अब तक सन्नाटा पसरा हुआ था |

बीती रात आए तूफान में सबकी जिंदगी बर्बाद हो गई थी | अब तो बस तबाही का मंजर दिख रहा था, किसी का घर टूटा तो किसी का दिल और किसी की सांसो की डोर लेकिन इन सब का कोई हिसाब नहीं था,

कोई कुछ बात करता तो कोई कुछ, सब समय की क्रूरता की दुहाई देते, क्युंकिसब कुछ बिखर चुका था |

सर्द तूफानी काली रात के बाद सूरज की पहली किरण अब चमकने लगी थी, लेकिन रणबीर इस तूफानी रात में भी गाड़ी चलाता हुआ गंगा किनारे पहुंच चुका था, गंगा खतरे के निशान से बहुत ज्यादा ऊपर बह रही थी, आधे मंदिर पानी में डूब चुके थे |

वो मंदिर की सीढ़ियों पर पागलों की तरह लेटा हुआ जोर से हंस रहा था | उसके आधा शरीर बाहर और आधा गंगा के पानी में डूबा हुआ था |

मंदिरों में सुबह की आरती के लिए साफ सफाई हो रही थी |

मदन की लाश और बैग हाईवे के पास पड़े थे, बैग में रखा सिंदूर पानी के साथ बहता चला जा रहा था और सोने के कंगन मिट्‌टी मे सने पड़े थे |

दिल्ली से बस दोपहर तक गाँव आ गई थी, जानकी दौड़ कर बस के पास आई और मायूस हो गई, बस वापिस चली गई और जानकी बार बार मदन को फोन लगा रही थी..... उसका दिल अब बहुत घबरा रहा था, वह उदास मन से वापस घर आ गई |

हर्ष अभी भी एक टक रूद्र को देखे जा रहा था..... |

तभी किताब बंद करके श्रवण जल्दी से ट्रेन के टॉयलेट में गया और जोर से रोने लगा | उसे ऐसा लग रहा था जैसे वह आज पागल हो जाएगा, वह बार-बार मन में यही सोच रहा था कि आखिर समय ने इन सब के साथ इतना कठोर बर्ताव क्यों किया, उसे अपनी जिंदगी बहुत बेकार लग रही थी, वह किसी जल बिन मछली की तरह तड़प रहा था लेकिन उसे गुस्सा भी आ रहा था कि आखिर उसने यह किताब क्यों पढी, कुछ देर तक रोने के बाद उसने ध्यान दिया की ट्रेन तो चल ही नहीं रही थी, वो तो कब से

रुकी हुई थी | वह टॉयलेट से बाहर आया तो उसने देखा |

उसने देखा कंपार्टमेंट खाली था, ट्रेन सच में रुकी हुई थी, उसने शीशी से बाहर देखा तो उसे सिर्फ कोहरा ही दिख रहा था, मानो वो भी कहीं मौत के साए में खड़ा हो जिसके चारों ओर सफेद कोहरा छाया हुआ था, या फिर वो किसी और दुनिया में आ चुका हो |

वो ट्रेन से बाहर निकला और बहुत ध्यान देने पर उसे लगा की ट्रेन का आखिरी स्टॉप कब का आ चुका था | अब उसका गांव ज्यादा दूर नहीं था |

श्रवण के अंदर एक खलबली सी मच गई, एक ऐसी बेचैनी जिसे वह चाह कर भी खत्म नहीं कर सकता था | एक तरफ उसका दर्दनाक अतीत उसे जीने नहीं दे रहा था, दूसरा इस किताब की चार कहानियों ने उसे समय का वो पहलू दिखाया जो अक्सर लोग समझ नहीं पाते और यही सच था |

वह अपना सामान उठाकर जाने लगा लेकिन उसका मन न जाने क्यों ट्रेन से बाहर जाना ही नहीं चाहता था, तभी एक लड़के ने सीटों को साफ करते हुए कहा, “ अरे भैया... आप अपने अखबार छोडे जा रहे हैं, श्रवण ने न चाहते हुए भी अखबार उठा लिया और बाहर आ गया |

यह स्टेशन एकदम शांत था, मानो बीती रात यहां भी कोई तूफान आया हो, उसके दिमाग में पूरी कहानी गूंज रही थी और उसका सर चकरा रहा था |

वह सीधा घर न जाकर वहीं स्टेशन पर ही कुछ देर के लिए बैठ गया तभी उसे याद आया कि इस किताब के पहले पेज पर लिखा था कि इस किताब में पांच अलग-अलग कहानियां हैं लेकिन इसमें तो सिर्फ चार कहानियां थीं, पहली मदन और जानकी की, दूसरी रूद्र और हर्ष की,

तीसरी हरिया के परिवार वालों की और चौथी रणबीर और सीमा की, फिर पांचवी कहानी कहां थी......?????

40

पांचवी कहानी.. लेकिन किसकी??

श्रवण ने अपने दिमाग पे और जोर डालना शुरू कर दिया, इसका मतलब लेखक ने झूठ कहा और यही वजह है उसने किताब पर अपना नाम नही लिखा, वो यहां वहां देखने लगा तो उसे अपने बचपन की पुरानी यादें याद आने लगीं और तभी उसके रोंगटे खड़े हो गए और उसने खुद से कहा,

" इसका मतलब पांचवी कहानी मेरी थी, क्युंकि पूरी किताब पढ़ते पढ़ते मैं अपने जीवन की पूरी बातें याद करता रहा या फिर यह कहो, पढता रहा और इस कहानी के हर किरदार से जुड़ता रहा" |

" लेखक ने कितनी होशियारी से लिख दिया कि उसने पांच कहानियां लिखीं हैं, जब कि उसने चार कहानियां लिखीं और उसकी बात सच साबित हुई | इस कहानी को जो भी पढेगा, वह इन कहानियों के किरदार में इतना खो जाएगा कि वह उन्हे अपने साथ जोड़ लेगा और इस तरह वो भी इस किताब की कहानियों का हिस्सा बन जायेगा" |

अब उसे जाने क्यों बार-बार गुस्सा आ रहा था इसलिए नहीं कि वो पांचवी कहानी उसकी थी बल्कि इसलिए कि उसकी आंखों से फिर से आंसू आ

गये और इसी गुस्से में उसने किताब को मरोड़ते हुए ट्रेन की पटरी पर फेंक दिया और कहा,

“ मुझे नहीं कहीं जाना..... मुझे कुछ नही पढना” लेकिन किताब को फेंकते समय उसके हांथ से वह अखबार भी छूट कर खुल गया जो उसने सफर की शुरुआत में खरीदा था और अखबार की एक खबर पर उसकी नजर टिक गई, जिसे पढ़कर वह किसी बर्फ की तरह जम गया |

खबर में साफ-साफ लिखा था, रेलवे ट्रैक पर एक अधेड़ उम्र के व्यक्ति की दर्दनाक मौत, दिल्ली के नई दिल्ली रेलवे स्टेशन पर एक यात्री की रेलवे ट्रैक पर गिरने से मौत, इस यात्री को किसी ने रेलवे ट्रैक पर धक्का दिया या वह आत्महत्या करने की कोशिश कर रहा था या फिर उसे दिल का दौरा आया था, इन सभी बातों की पुष्टि उसके पोस्टमार्टम होने के बाद ही की जाएगी, इस व्यक्ति के साथ एक बैग मिला जिससे पता चला कि उसका नाम रोहताश सक्सेना था, इस आदमी के पास “ समय” नाम की कुछ किताबें भी मिली हैं |

इनके कुछ दस्तावेजों से यह भी पता चला है कि रोहताश एक लेखक भी थे, जो काफी सारी कहानियां लिख चुके हैं और इनकी आखिरी कहानी का नाम है “समय” जिसमें उन्होंने लेखक के तौर पर अपना नाम भी नहीं डाला है लेकिन अपने इस दस्तावेज में इन्होंने यह क्यों लिखा कि यह कहानी उनकी आखिरी कहानी है? क्या वह सच में आत्महत्या करना चाहते थे या कहानी लिखना बंद करना चाहते थे ?

यह सब तो पुलिस की जांच के बाद पता चलेगा |

यह पढ़कर श्रवण अंदर तक कांप गया उसने अब अंदाजा लगाया कि सक्सेना जी का मोबाइल आखिर क्यों स्विच ऑफ जा रहा था, उनका मुस्कुराता हुआ चेहरा उसकी आखों के आगे नाचने लगा |

उसे याद आया जब वो आखिरी बार उनसे मिला था और उसने कहा था, " सक्सेना जी....ये आप क्या लिखा करते हैं"?

उन्होने हंसकर कहा था, " मैं इसलिये नही लिखता कि मेरा लिखा बिके, या बहुत लोग इसे पढें, मै तो सिर्फ इसलिये लिखता हूं कि मैं जिन्दा रह सकूं, मैं अपना अकेलापन किसी के साथ बांट सकूं, वैसे मेरी समझ से तुम्हे भी लिखना चाहिये" |

श्रवण ने उदास होते हुये कहा था, " मेरे पास इतना समय कहां, लेकिन क्या आपके पास कोई ऐसी किताब है जिसे पढकर मैं अपने आप को याद कर सकूं या फिर अपना दिल हल्का कर सकूं, ना जाने क्यूं दिल पे एक बोझ सा रहता है, जैसे मन रोना चाहता हो और आंसू सूख गये हों" |

उसकी इस बात पर सक्सेना जी ने मुस्कुराते हुये कहा था,

" हम्म्म्मम्म तुम्हारी ये इच्छा भी मैं बहुत जल्द ही पूरी करूंगा, तब तक के लिये अलविदा, अब मुलाकात होगी कभी......." |

उनकी इस बात को श्रवण उस दिन नही समझ पाया लेकिन आज वो सब समझ चुका था तभी उसको याद आया रात में उनका मोबाइल ऑन हुआ था, कहीं ऐसा तो नहीं कि कोई और सक्सेना हो लेकिन समय नाम की कहानी की किताब तो इन्हीं के पास मिली....... |

उसने सक्सेना जी के मोबाइल पर कॉल की और फोन किसी ने उठाते हुये कहा, " मैं इंस्पेक्टर रतन सिंह बोल रहा हूं, क्या आप रोहताश सक्सेना जी को जानते थे? एक्चुली क्या है कि दो दिन पहले उनका एक्सीडेंट हो गया है रेलवे ट्रैक पर, उनका मोबाइल पूरी तरह से डैमेज हो चुका था हमने बड़ी मुश्किल से उसमें से सिम रिपेयर करा कर, कल नए फोन में डालकर ऑन किया है और उनके परिवार को भी बता दिया है बस वो लोग आते ही होंगे, देखिये आप अगर उनके बारे में कुछ जानते हैं तो

आप कुछ बताएंगे क्या"?

पुलिसवाला फोन पर बोलता ही रहा और श्रवण के हाथ से फोन छूट गया | इतनी सर्दी और कोहरे में भी अब उसके माथे पर पसीना आ रहा था तभी उसने रेलवे ट्रैक पर पड़ी वह किताब देखी और हवा के झोंके की तरह उस किताब को उठाने के लिए दौड़ा, यह देखते हुए भी उसपर एक ट्रेन आ रही है, उसे ट्रेन की तरफ भागते देख एक दो लोगों ने उसको आवाज भी दी, " अरे.... अरे भाई.... क्या हुआ....यह तो मरने जा रहा है, रोको इसे.... कोई रोको....." लेकिन वह किसी के रोके नहीं रुका और किताब उठाकर वापस आ गया |

उसके दिल की धड़कन इस कदर चल रही थी कि जैसे अब उसका दिल फटने वाला हो, उसकी आंखों के सामने अभी तक इस कहानी के पात्रों के चेहरे धुंधले नहीं हुये थे जिनमें एक और चेहरा जुड़ गया था जो था सक्सेना जी का |

उसने कहानी की किताब सीने से लगा ली और कहा,

" इसका मतलब सक्सेना जी ने ये किताब मेरे लिए मंगवाई थी क्योंकि वह जानते थे कि ये किताब भले ही उनके नाम से आए लेकिन मैं इसे जरूर रिसीव कर लूंगा" |

श्रवण फिर उसी सीट पर बैठ गया और कुछ पल रोता रहा | वो इतना उदास था जैसे जिंदगी से कोई उम्मीद ही नहीं हो, उसके पैर काँप रहे थे और वो सिसक रहा था, बरसों से दबा गुबार आज आँसू बनकर उसकी आंखों से बह चला था |

इस खुली और प्राकृतिक हवा में भी श्रवण का दम घुटता जा रहा था दिल और दिमाग में फिर से लड़ाई जारी हो गई थी तभी न जाने एक ट्रेन कहां से धड़ धड़ करती हुई स्टेशन पर आई और रुक गई | दो मिनट बाद वो

ट्रेन फिर अपनी मंजिल की ओर जाने लगी कि तभी श्रवण अपना बैग उठाकर तेजी से भागते हुये उस चलती हुई ट्रेन में चढ़ गया और फिर वो ट्रेन चल दी, उसी घने धुंध को चीरती हुई न जाने किस मंजिल की तरफ |

श्रवण अब अपने घर न जाकर एक अनजान सफर पर चल चुका था, जिसकी मंजिल का पता उसे भी नहीं था |

समाप्त |

सर्वेश सक्सेना

धन्यवाद

प्रिय मित्रों और पाठकों,

उम्मीद है कि आपको ये कहानी जरूर पसन्द आई होगी और कहीं ना कहीं ये आपके दिल को भी उस कदर छू गई होगी जैसे कोई ओस की बूंद घास के तिनके को छू जाती है |

दोस्तों हम जिन्दगी में बहुत कुछ सोचते हैं, करते हैं और करना चाहते हैं, कई बार हमें वो चीजें मिल जाती हैं लेकिन कई बार मिलना तो दूर बल्कि हमसे कुछ हमारी खास चीजें बहुत दूर चली जाती हैं, ऐसे में जिन्दगी बिल्कुल नीरस हो जाती है, बेरंग हो जाती है लेकिन समय को कौन बदल सकता है, ना तो ये किसी के लिये रुकता है, इसलिये जो समय हमें मिला है उसमें हम सभी को खुशी से जिन्दगी जी लेनी चाहिये, क्युंकि समय का कुचक्र चलने में देर नही लगती |

मुझे पूरा विश्वास है कि इस कहानी के पात्र आप सभी के जहन में बस गये होंगे और आप कुछ समय के लिये खामोश हो गये होंगे, अगर ऐसा है तो यकीन मानिये मेरी मेहनत मैं सफल समझूंगा |

अपना कीमती समय देने के लिये दिल से धन्यवाद |

सर्वेश सक्सेना

मो. 9555164236

मेल - sarveshk031@gmail.com

Printed by Libri Plureos GmbH in Hamburg, Germany